ENCYCLOPÉDIE DES PYGMÉES AKA

I

LES PYGMÉES AKA
Introduction à l'Encyclopédie

(fascicule 1)

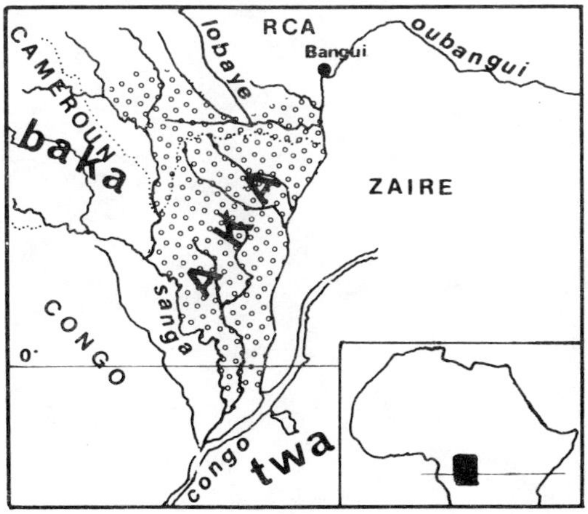

LANGUES ET CIVILISATIONS A TRADITION ORALE
50

ÉTUDES PYGMÉES IV

Jacqueline M. C. THOMAS et Serge BAHUCHET
éditeurs de
Simha Arom, Serge Bahuchet, France Cloarec-Heiss,
Alain et Sylvie Épelboin, Henri Guillaume, Élisabeth Motte,
Claude Sénéchal et Jacqueline M. C. Thomas
avec des documents de Lucien Demesse

ENCYCLOPÉDIE DES PYGMÉES AKA

Techniques, langage et société des chasseurs-cueilleurs de la forêt centrafricaine (Sud-Centrafrique et Nord-Congo)

I

LES PYGMÉES AKA

Introduction à l'Encyclopédie

fascicule 1

Publié avec le concours du
CENTRE NATIONAL DE LA RECHERCHE SCIENTIFIQUE

Paris
1983

LACITO
LABORATOIRE DE LANGUES ET CIVILISATIONS
À TRADITION ORALE
(LP 3-121 du CNRS)
Département «AFRIQUE»
Section 7 - Études Pygmées

Les auteurs :

Simha AROM, Maître de Recherche au CNRS, musicologue
Serge BAHUCHET, Attaché de Recherche au CNRS, ethnoécologiste
France CLOAREC-HEISS, Maître de Recherche au CNRS, linguiste
Lucien DEMESSE, Docteur de 3e cycle, ethnologue
Alain ÉPELBOIN, ethnomédecin, Docteur en médecine
Sylvie ÉPELBOIN, ethnomédecin, Interne des hôpitaux de Paris
Henri GUILLAUME, Attaché de Recherche à l'ORSTOM, anthropologue
Marie-Élisabeth MOTTE, Assistant à la Faculté des Sciences de Montpellier, ethnobotaniste-pharmacienne
Claude SÉNÉCHAL, Professeur au Collège de la Côte Nord au Québec, ethnolinguiste
Jacqueline M. C. THOMAS . Directeur de Recherche au C.N.R.S., ethnolinguiste

ISSN : 0240-2041
ISBN : 2-85297-150-X

Dépôt légal : septembre 1983

RÉSUMÉS

Jacqueline M.C. THOMAS et Serge BAHUCHET (éditeurs)
Simha AROM, Serge BAHUCHET, France CLOAREC-HEISS, Alain et Sylvie EPELBOIN, Henri GUILLAUME, Elisabeth MOTTE, Claude SENECHAL et Jacqueline M.C. THOMAS, avec des documents de Lucien DEMESSE.

Encyclopédie des Pygmées Aka. Techniques, langage et société des chasseurs-cueilleurs de la forêt centrafricaine (Sud-Centrafrique et Nord-Congo).
1981, Paris, SELAF (Tradition Orale 50, Etudes Pygmées IV)

Cet ouvrage s'inscrit dans une suite de travaux consacrés aux populations forestières d'Afrique Centrale et, parmi elles, plus particulièrement aux Pygmées. Il constitue pour cette ethnie la première partie d'une étude pluridisciplinaire centrée sur l'approche linguistique des différents aspects de la réalité sociale. Dans cette perspective, la langue se situe à la fois comme un aspect de cette réalité sociale et comme le thesaurus et le véhicule de celle-ci. L'ouvrage résulte de la coopération d'un groupe de travail officiellement constitué depuis 1977, mais dont les activités coordonnées de plus ou moins près remontent à 1971. Il rassemble les connaissances acquises sur cette population pygmée et sur son milieu naturel et humain par des chercheurs de différentes disciplines : linguistique, ethnologie, ethnolinguistique, ethnosciences (ethnobotanique, ethnozoologie, ethnomédecine et ethnopharmacologie), écologie, musicologie.

Le premier livre comporte une substantielle introduction ethnologique et linguistique ainsi qu'une réflexion sur la problématique du dictionnaire et une initiation à sa pratique. Le dictionnaire lui-même est constitué par son premier volet, aka-français, qui compte environ dix mille entrées largement illustrées, linguistiquement, ethnologiquement, dans le domaine naturaliste et graphiquement. L'ensemble de l'ouvrage comprend les trois autres parties du dictionnaire, français-aka, volet thématique et classification catégorielle.

L'intérêt de l'étude de cette population réside dans le caractère très particulier de sa situation linguistique, sociale et politique. Cette ethnie parle une langue qui lui est propre, bien que manifestement empruntée à un groupe de grands Noirs (bantou C 10), mais les conditions de relations avec son voisinage modifient constamment sa situation linguistique.

Chasseurs-collecteurs, ils ont une parfaite connaissance de leur milieu forestier auquel ils présentent, de toutes les populations forestières locales, la plus harmonieuse adaptation. Cependant, ces "maîtres de la forêt", reconnus comme tels par tous, n'auraient pas de vocabulaire propre de leur domaine, si l'on en croit leur appartenance linguistique. L'origine non forestière des populations environnantes, auxquelles ils devraient leur nomenclature, rend cette hypothèse inconcevable. L'examen comparatif de leur vocabulaire éclaire la question d'un jour différent.

De nos jours leur forêt, de plus en plus dévastée par une exploitation abusive, ne leur offre plus qu'un aléatoire et précaire refuge. Les relations d'échanges assez égalitaires qu'ils entretenaient depuis des temps immémoriaux avec les grands Noirs se sont récemment modifiées à leur désavantage. Engagés malgré eux dans un processus socio-économique contraignant, ils s'acheminent rapidement vers un statut de sous-prolétariat exploité et déconsidéré.

Ils restent pourtant les ultimes témoins d'une des dernières civilisations où l'homme sait exploiter la nature pour en vivre, sans la dévaster.

Jacqueline M.C. THOMAS and Serge BAHUCHET (editors)
Simha AROM, Serge BAHUCHET, France CLOAREC-HEISS, Alain and Sylvie EPELBOIN, Henri GUILLAUME, Elisabeth MOTTE, Claude SENECHAL and Jacqueline M.C. THOMAS, with further documents from Lucien DEMESSE.

Aka Pygmy Encyclopedia : The Technology, Language and Social Structure of a Hunter/Food Gatherer Population of the Central African Jungle (Southern Central Africa and Northern Congo).

1981, Paris, SELAF (Tradition Orale 50, Etudes Pygmées IV)

This work is part of a series of monographs concerning the jungle populations of Central Africa, and in particular, the Pygmies. It is the first volume resulting from an interdisciplinary project based on a linguistic approach to the various aspects of Aka society. Language is here treated simultaneously as an aspect of the culture and as its "thesaurus" and vehicle. This work is the result of a cooperative effort by a group whose official existence dates from 1977, but which has been carrying on informally coordinated activities since 1971. It contains the results of research on the Aka Pygmies and their natural and human environment, conducted by representatives of several disciplines : linguistics, ethnology, ethnolinguistics, ethnosciences (ethnobotany, ethnozoology, ethnomedicine and ethnopharmacology), ecology and musicology.

The first volume contains a lengthy ethnological and linguistic introduction, a theoretical discussion of the dictionary and a practical initiation to its use. The first part of the dictionary itself contains about 10,000 Aka-French entries and a large number of linguistic, ethnological, naturalistic and graphic illustrations. The dictionary as a whole will also include a French-Aka section, a presentation by subject matter and a classification by category.

The Aka Pygmies are interesting from the linguistic, social and political standpoints : they have their own language, although it has evidently been borrowed from a Tall Black (Bantu C 10) population. Their relations with their surroundings nevertheless produce constant changes in their linguistic situation.

They are hunters and food gatherers and have a perfect knowledge of their jungle environment, to which they are undoubtedly better adapted than any of the other local populations. Although generally recognized as "masters of the jungle", they might be assumed to lack a vocabulary referring to their environment, on the basis of the genetic classification of their language. The Bantus, to whom the Akas owe their language, are not, in fact, jungle populations. A comparative study of their vocabulary sheds a different light on this question.

The jungle, devastated by intensifying exploitation, now provides no more than an occasional and precarious refuge for the Akas. The balanced nature of their longstanding relations of exchange with the Tall Blacks has recently been modified, to their disadvantage. They have unwillingly become enmeshed in a process of socio-economic change and are rapidly tending toward the status of an exploited and disdained lumpen.

They nevertheless constitute one of the last surviving civilizations capable of living on their natural environment without destroing it.

Jacqueline M.C. THOMAS und Serge BAHUCHET (Hrsg.)
Simha AROM, Serge BAHUCHET, France CLOAREC - HEISS, Alain und Sylvie EPELBOIN, Henri GUILLAUME, Elisabeth MOTTE, Claude SENECHAL und Jacqueline M.C. THOMAS, mit Dokumenten von Lucien DEMESSE.

Enzyklopädie der Aka-Pygmäen. Techniken, Sprache und Gesellschaft der Jäger und Sammler im zentralafrikanichen Regenwald (Süd-Zentralafrika und Nord-Kongo).

1981, Paris, SELAF (Tradition Orale 50, Etudes Pygmées IV)

Dieses Werk steht in einer Reihe mit anderen Arbeiten über Volksgruppen des zentralafrikanichen Regenwaldes, und zwar im besonderen über die Pygmäen. Es stellt für diese Volksgruppen den ersten Teil einer mehrdisziplinären Studie dar, die sich auf den linguistischen Zugang zu den verschiedenen Aspekten der sozialen Wirklichkeit konzentriert. In der Sicht dieser Methode erscheint die Sprache zur gleichen Zeit als ein Aspekt jener sozialen Wirklichkeit wie auch als der Thesaurus und das Vehikel derselben. Das Werk resultiert aus der Zusammenarbeit einer Arbeitsgruppe, die offiziell seit 1977 existiert, deren koordinierten Aktionen aber schon auf das Jahr 1971 zurückgehen. Diese Gruppe stellt die Erkenntnisse zusammen, die von Forschern unterschiedlicher Fachrichtungen — Linguistik, Ethnologie, Ethnolinguistik, Ethno - Naturwissenschaften (Ethnobotanik, Ethnozoologie, Ethnomedizin und Ethnopharmakologie), Oekologie und Musikologie — über die Bavölkerungsgruppe und ihre natürliche und menschliche Umwelt, gewonnen worden sind.

Der erste Band umfasst eine inhaltsreiche ethnologische und linguistische Einleitung, überlegungen zur Problematik des Wörterbuches sowie eine Einführung in dessen praktische Anwendung. Das Wörterbuch selbst setzt sich zusammen aus seinem ersten Teil, dem Aka-Französisch, mit rund 10.000 Eintragen, die ausführlich illustriert sind, und zwar in linguistischer, ethnologischer, naturkundlischer und graphischer Hinsicht. Das Gesamwerk schliesst drei weitere Teile des Wörterbuches ein : Französisch-Aka, einen thematischen Index und eine kategorielle Klassification.

Die Bedeutung der Erforschung dieser Bevölkerungsgruppe beruht auf dem sehr speziellen Charakter ihrer linguistischen, sozialen und politischen Situation. Die Aka sprechen eine eigene Sprache, wenn auch eindeutig von einer Gruppe der Grosswüchsigen entlehnt (Bantu C 10); die Bedingungen der Beziehungen zu ihren Nachbarn verändern ständig ihre linguistische Situation.

Als Jäger und Sammler haben sie eine perfekte Kenntnis des sie umgebenden Regenwaldes, an dem sie sich von allen Waldbewohnern dieses Raumes am allerbesten angepasst haben. Diese "Meister des Waldes", als welche sie von allen anerkannt sind, würden keinen eigenen Wortschatz für die Welt, in der sie leben, haben, glaubt man dem Zeugnis ihrer linguistischen Zubehörigkeit. Die Tatsache, dass ihre Nachbarvölker, denen sie ihr einschlägiges Vokabular verdanken, von ausserhalb des Waldes stammen, macht diese Hypothese unannehmbar. Eine vergleichende Prüfung ihres Wortschatzes lässt die Frage in einem anderen Licht erscheinen.

Heute bietet ihnen ihr Wald, der durch eine verschwenderische Ausbeutung immer mehr der Verwüstung anheimfällt, nur noch eine unsichere und spärliche Zuflucht. Die recht gleichberechtigten Tauschbeziehungen, die sie seit eh und je mit den grosswüchsigen Negern unterhalten, haben sich in letzter Zeit zu ihrem Nachteil verändert. Gegen ihren Willen in einen sozio-ökonomischen Prozess gezwungen, entwickeln sie sich rapid auf den Status eines ausgebeuteten und verachtetem Unterproletariats zu.

Dabei sind sie die letzten Zeugen einer der letzten Kulturen, in denen der Mensch die Natur zu nutzen versteht, um von ihr zu leben, ohne sie aber zu zerstören.

Jacqueline M.C. THOMAS y Serge BAHUCHET (editores)
Simha AROM, Serge BAHUCHET, France CLOAREC-HEISS, Alain y Sylvie EPELBOIN, Henri GUILLAUME, Elisabeth MOTTE, Claude SENECHAL y Jacqueline M.C. THOMAS, con documentos de Lucien DEMESSE.

Enciclopedia de los pigmeos aka : tecnicas, lenguaje y sociedad de los cazadores-recogedores de la selva centroafricana (sur de la Republica Centroafricana y norte del Congo).

1981, Paris, SELAF (Tradition Orale 50, Etudes Pygmées IV)

Esta obra forma parte de una serie de trabajos que versan sobre los habitantes de la selva de Africa Central, y entre ellas, en particular, sobre los pigmeos. En lo que se refiere a estos últimos, constituye la primera parte de un estudio pluridisciplinario orientado hacia un enfoque lingüístico de los diferentes aspectos de la realidad social. Dentro de esta óptica, la lengua se presenta a la vez como un aspecto de esta realidad social y como el tesauro y el vehículo de la misma. La obra es resultado de la cooperación de un grupo de trabajo oficalmente constituido en 1977, pero que lleva trabajando de forma más o menos coordenada desde 1971. Reúne los conocimientos adquiridos acerca de este grupo pigmeo y su medio natural y humano por investigadores provinientes de diferentes disciplinas : lingüística, etnología, etnolingüística, etnociencias (etnobotánica, etnozoología, etnomedicina y etnofarmacología), ecología, musicología.

El primer volumen contiene una importante introducción etnológica y lingüística así como una reflexión acerca de la problemática del diccionario y una iniciación práctica a su empleo. El diccionario mismo está constituido por una primera parte (aka-francés) que comprende alrededor de diez mil entradas ampliamente ilustradas con ejemplos lingüísticos, etnológicos, pertenecientes al campo naturalista, y gráficos. El conjunto de la obra comprende además una parte francés-aka, une clasificación temática y otra por categorías.

El interés del estudio de esta cultura reside en el caracter particular de su situación lingüística, social y política. Esta etnia habla una lengua propia, pero manifiestamente aprendida de un grupo de negros altos (Bantú C 10); no obstante, las condiciones de sus relaciones con las populaciones lindantes modifican constantemente su situación lingüística.

Los akas son cazadores-recogedores, y tienen un perfecto conocimiento de su medio selvático, presentando una adaptación más armoniosa al mismo que cualquiera de las otras populaciones locales. Sin embargo, podría parecer que a estos "dueños de la selva", reconocidos como tales por todo el mundo, les falta un vocabulario propio para su dominio. El hecho de que los grupos vecinos, que en principio les han proporcionado su nomenclatura, no sean oriundos de la selva hace inaceptable esta hipótesis. El examen comparativo de su vocabulario conduce a una visión diferente de esta cuestión.

Hoy en día, la selva, cada vez más devastada por una explotación abusiva, ha llegado al punto de no poder proporcionar les más que un refugio casual y precario. Las relaciones de intercambio bastante igualitarias que entretenían desde tiempos inmemoriales con los negros altos se han visto modificadas recientemente, en perjuicio suyo. Involucrados a pesar de ellos mismos en un proceso socio - económico coactivo, evolucionan rapidamente hacia un estatuto de lumpen explotado y despreciado.

Sin embargo, siguen siendo representantes de una de las últimas civilizaciones de aquellas que han sabido explotar la naturaleza para vivir de ella sin devastarla.

Жаклин М.К. ТОМА и Сэрж БАГЭШЕ (Изд.)
Симха АРОМ, Сэрж БАГЭШЕ, Франс КЛОАРЭК-ГЕЙСС, Алан и Сильви ЕПЕЛЬБОИН, Генри ГИЙОМ, Елизабет МОТТ, Клод СЕНЕШАЛЬ и Жаклин ТОМА, с документами Люсьена ДЭМЭССА.

Енциклопедия Пигмеев Ака. Техники, язык и общественная организация охотников-сборщиков центроафриканского леса (Южная Центроафрика и Северный Конго).
1981, Paris, SELAF (Tradition Orale 45, Etudes Pygmées IV)

Данная работа включается в продолжении трудов посвященных лесным населениям Центральной Африки и точнее Пигмеями. Она составляет первую часть всестороннего исследования ориентированного на лингвистический подход различных сторон общественной действительности. В этом отношении язык является одновременно видом этой общественной действительности а также тезавром и посредником её. Данная работа является результатом деятельности группы исследователей официально признанной с 1977го года а имевшей более или менее связно координованные деятельности с 1971го года. Она собирает знания об этом пигмеиском населении и о его естественной и человечной среде которые приобретали исследователи различных дисциплин : лингвистика, этнология, этнолингвистика, этно-науки (этноботаника, этнозоология, этномедицина и этнофармакология), экология, музыковедение.

Первый том включает существенное этнолингвистическое и лингвистическое введение, а также размышления о теоретических и практических задачах связанных с выработкой словаря. Сам словарь состоит из первой части -ака-французский- имеющей десять тысяч обильно иллюстрированных лингвистическими, этнологическими, натуралистическими примерами и рисунками. Работа ещё заключит в себе три другие части словаря, французско-ака, тематическую часть и категориальную классификацию.

Интерес изучения этого населения состоит в сверхнеобыкновенном характере его лингвистического, социального и политического положения. Эта этническая группа говорит на собственном ей языке, хотя очевидно заимствованном от группы высокорослых Негров (банту С 10), но отношения с соседами постоянно меняют её положение.

В качестве охотников-собирателей они отлично знают лесную среду к которой лучше всех окружающих лесных населений приспособлялись. Однако же эти "хозяева леса" которые все считают таковыми не имеют, оказалось бы, собственной лексики в этой области, поскольку они говорят на языке близком к языку высокорослых Негров. Но такой гипотезис является немыслымым из-за нелесного происхождения окружающих населений от которых они же следовательно не могли брать такой лесной лексики. Сравнительное обсуждение их лексики, показывая действительное присутствие пигмейской лесной лексики освещает по другому этот вопрос.

В наше время лес Пигмеев, все более и более разоренный чрезмерной разработкой, дает им только ненадежный приют. Те довольно эгалитарные обменные отношения которые они с незапамятных времен поддерживали с высокорослыми Неграми недавно изменились к их невыгоде. Под вовлечением принудительного для них социо-экономического процесса они скоро направляются к положению эксплуатируемого и лишенного всякого уважения лумпенпролетариата.

Однако они остаются самыми крайными свидетелями одной из последних цивилизаций где человек умеет использовать природу для существования, не уничтожая её.

Collection ETUDES PYGMEES

- *TITRES PARUS :*

I. Lucien DEMESSE, 1978
Changements techno-économiques et sociaux chez les Pygmées Babinga, (Nord-Congo et Sud-Centrafrique), (T.O. n° 26), 2 vol., 262 p., dépliants hors-texte en annexe.

II. France CLOAREC-HEISS et Jacqueline M.C. THOMAS, 1978
L'aka, langue bantoue des Pygmées de Mongoumba (Centrafrique) : introduction à l'étude linguistique. Phonologie, (T.O. n° 28), 204 p., 3 cartes, tableaux et figures.

III. Serge BAHUCHET (éditeur), 1979
Pygmées de Centrafrique. Etudes ethnologiques, historiques et linguistiques sur les «Ba.Mbenga» (aka/baka) du Nord-Ouest du Bassin Congolais. Articles de S. BAHUCHET, H. GUILLAUME, E. MOTTE, C. SENECHAL et J.M.C. THOMAS, (Bibliothèque n° 73-74).

IV. Jacqueline M.C. THOMAS et Serge BAHUCHET, éditeurs de . S. AROM, 1981
S. BAHUCHET, F. CLOAREC-HEISS, A. et S. EPELBOIN, H. GUILLAUME, E. MOTTE, C. SENECHAL, J.M.C. THOMAS.
Encyclopédie des Pygmées Aka, chasseurs-collecteurs de Centrafrique, (T.O. n° 50), 3 vol. - vol. *II* fasc. 1, P-P̂, 140 p.

V. Elisabeth MOTTE, 1982.
Les plantes chez les Pygmées Aka et les Monzombo de la Lobaye. Contribution à une étude ethnobotanique comparative chez des chasseurs-cueilleurs et des pêcheurs-cultivateurs vivant dans un même milieu végétal. (Bibliothèque n° 80-81-82).

- *SOUS PRESSE :*

Jean-Michel DELOBEAU
Yamonzombo et Yandenga. Les relations entre les villages monzombo et les campements pygmées aka dans la sous-préfecteur de Mongoumba (Centrafrique), (Bibliothèque).

Serge BAHUCHET
Une société de chasseurs-collecteurs et son milieu de vie : les Pygmées Aka de Centrafrique, (T.O.).

- *EN PREPARATION :*

Jacqueline M.C. THOMAS et Serge BAHUCHET, éditeurs de : S. AROM,
S. BAHUCHET, E. CLOAREC-HEISS, A. et S. EPELBOIN, H. GUILLAUME, E. MOTTE, C. SENECHAL, J.M.C. THOMAS.
Encyclopédie des Pygmées Aka, chasseurs-collecteurs de Centrafrique, (T.O.), 3 vol. (I vol-1).

PLAN D'ENSEMBLE DE L'OUVRAGE

Premier Livre : LES PYGMEES AKA	
Fascicule 1. Introduction à l'Encyclopédie	1 volume
Fascicule 2. La société aka	1 volume
Deuxième Livre : DICTIONNAIRE ETHNOGRAPHIQUE AKA-FRANCAIS	
Fascicule 1. Phonème P - P̂	1 volume
Fascicule 2. Phonème B - B̂	1 volume
Fascicule 3. Phonèmes MB, M, V	1 volume
Fascicule 4. Phonèmes T, D	1 volume
Fascicule 5. Phonèmes ND, N, L	1 volume
Fascicule 6. Phonème S	1 volume
Fascicule 7. Phonèmes Z, NZ, ɲ, Y	1 volume
Fascicule 8. Phonème K	1 volume
Fascicule 9. Phonèmes G, NG, H	1 volume
Fascicule 10. Phonèmes KP-K̂P, GB-ĜB, NGB, W	1 volume
Fascicule 11. Les sept voyelles	1 volume
Troisième Livre : LEXIQUE ALPHABETIQUE FRANCAIS-AKA	1 volume
Quatrième Livre : INDEX THEMATIQUES	1 volume

Index des Techniques,
des Plantes, des Animaux,
de Sociologie,
de Phénomènes psychologiques.

La parution de cet ouvrage collectif s'étendra sur plusieurs années et sera entreprise au fur et à mesure de l'achèvement des fascicules, afin de n'en pas retarder indéfiniment l'accès.

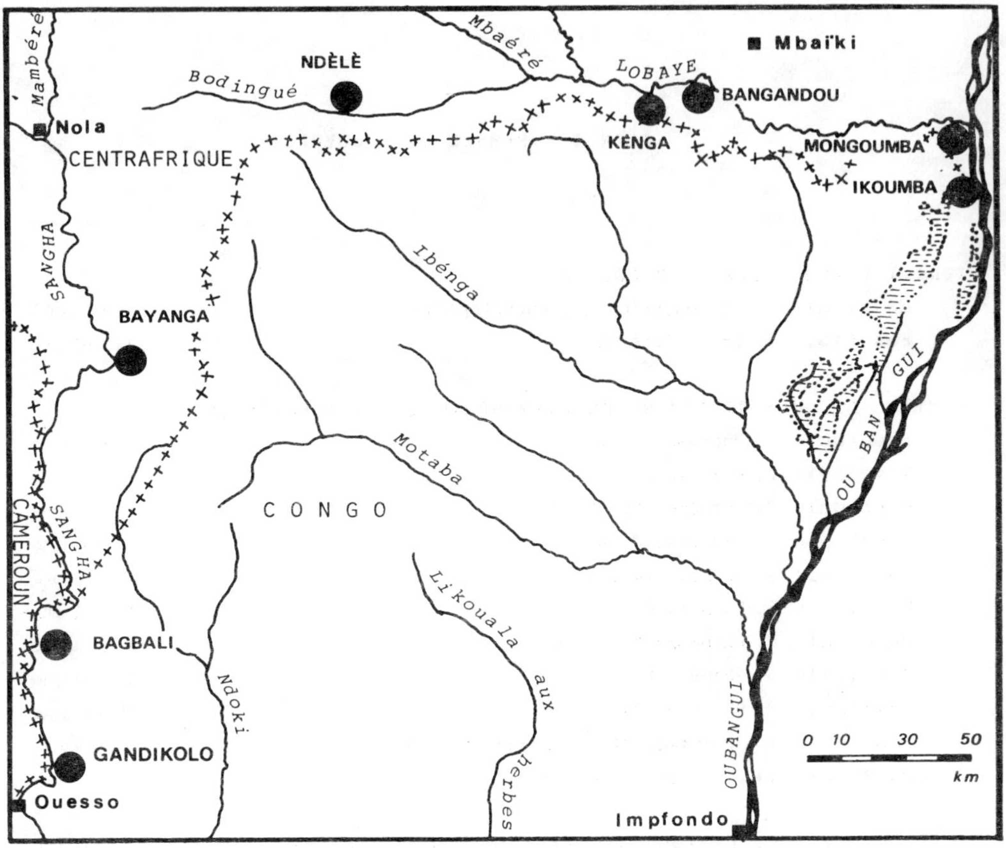

CARTE DES LOCALITÉS D'ENQUÊTE

●	LIEUX D'ENQUETE	■	PRINCIPALES VILLES
—	COURS D'EAU	+ + +	FRONTIERES
	MARECAGES DE L'OUEST		

Les localités d'enquête sont signalées dans le texte par les abréviations suivantes :

Ikoumba	: Iko	Ndèlè	: Nd
Mongoumba	: Mga	Bayanga	: Bay
Bangandou	: Bg	Bagbali	: Bli
Kénga	: Ka	Gandikolo	: O (=Ouesso)

ENCYCLOPÉDIE DES PYGMÉES AKA

SOMMAIRE

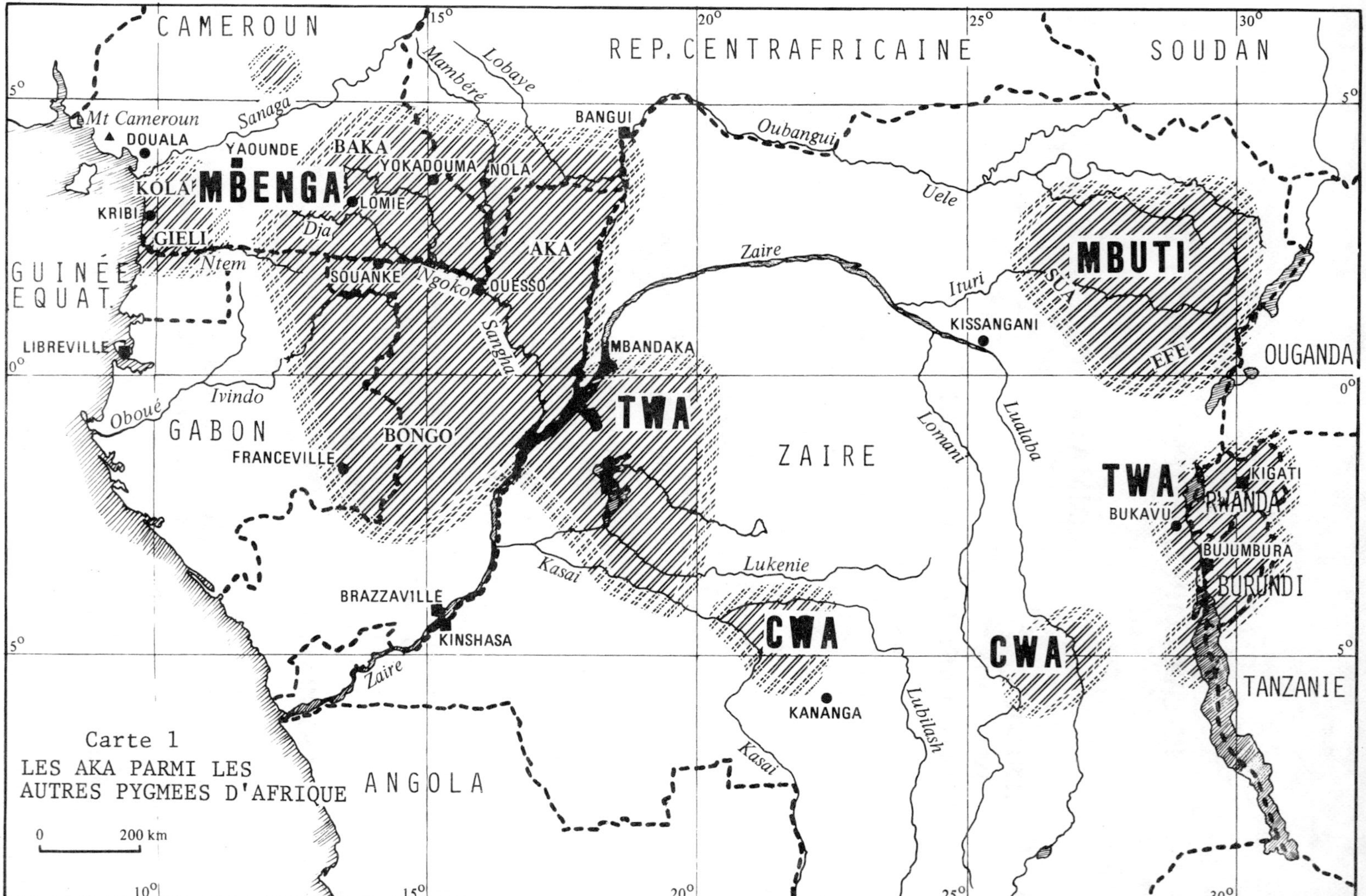

Cette carte, dressée avec les informations et la bibliographie qui nous sont parvenues, ne cherche pas à être définitive. Toutes indications complémentaires seront les bienvenues.

1. INTRODUCTION GÉNÉRALE

Dans la série des publications consacrée aux Pygmées d'Afrique centrale et plus particulièrement aux Aka de Centrafrique et du Nord-Congo, ce dictionnaire vient présenter une somme — et un résumé tout à la fois — des connaissances actuelles acquises sur cette ethnie, par un groupe de chercheurs pluridisciplinaire.

Cadre de la recherche et ses participants

Cette étude des Pygmées aka s'insère, comme une ligne particulièrement privilégiée, dans l'ensemble plus vaste du thème consacré à l'anthropologie d'un écosystème forestier d'Afrique Centrale, mis en oeuvre dès 1956; celui-ci constitue aujourd'hui encore une des opérations principales menées dans le cadre du *Laboratoire des Langues et Civilisations à Tradition Orale* (LACITO, LP 3121) du Centre National de la Recherche Scientifique (CNRS).

Faisant également partie des orientations de recherche retenues par l'ORSTOM, Office de la Recherche Scientifique et Technique Outre-Mer, ce thème a pu faire l'objet d'une convention avec le Laboratoire, permettant une participation à l'étude en chercheurs et en moyens et facilitant l'accueil et les conditions de travail sur place, au centre ORSTOM de Bangui, de l'ensemble de l'équipe.

D'autre part, une active collaboration s'est depuis longtemps établie entre le LACITO et l'ERA 773 (Equipe de Recherche Associée du CNRS) ex-RCP 97 puis 295 (Recherche Coopérative sur Programme du CNRS) du laboratoire d'Ethnobotanique et d'Ethnozoologie du Museum d'Histoire Naturelle qui a participé à plusieurs missions et facilité l'exploitation des matériaux recueillis.

Cette équipe comprend donc des représentants de plusieurs organismes et de plusieurs disciplines : Simha AROM, CNRS, musicologue, Serge BAHUCHET, MNHN et CNRS, ethnoécologiste, France CLOAREC-HEISS, CNRS, linguiste, Alain et Sylvie EPELBOIN, CNRS, ethnomédecins, Henri GUILLAUME, ORSTOM, ethnologue, Marie-Elisabeth MOTTE, ES (Enseignement Supérieur), ethnobotaniste pharmacienne, Claude SENECHAL, ES, ethnolinguiste, Jacqueline M.C. THOMAS, CNRS, ethnolinguiste, sont les auteurs de cet ouvrage qu'ils ont élaboré et rédigé ensemble. Toutefois, cette recherche commune du groupe, axée sur les Pygmées Aka, ne se limite pas à la seule connaissance de l'ethnie, du fait même des étroites relations qu'elle entretient avec les populations voisines, et la participation s'étend en conséquence aux chercheurs spécialistes de ces sociétés. Nous avons ainsi reçu des contributions, plus ou moins importantes, de: Luc BOUQUIAUX, linguiste, pour le mbati (isongo) et le monzombo ; Jean-Michel DELOBEAU, ethnohistorien qui a particulièrement étudié les relations Monzombo-Aka ; Raymond PUJOL, zoologue, qui a travaillé en pays isongo et ngbaka; Herman BREYNE, botaniste, pour les plantes connues des Ngbaka et Alice PEETERS, pour celles connues des Monzombo.

Enfin, nous avons eu à notre disposition une documentation recueillie par Lucien DEMESSE[1] consistant notamment en un lexique d'un millier de termes techniques et ethnologiques provenant des Aka du Nord-Congo.

Interdisciplinarité

Sur les plans théorique et méthodologique, la recherche est conçue comme pluri- et interdisciplinaire où la langue d'une part et l'étude linguistique d'autre part sont, pour toutes les disciplines impliquées, à la fois le fil conducteur, le lien et le mode d'approche. Cet *a priori* se fonde sur la conception de la langue, phénomène social par excellence, qui se présente comme un système propre à un groupe donné, en même temps qu'elle conçoit, exprime, véhicule et transmet l'histoire,

[1] La documentation que Lucien DEMESSE avait recueillie au cours de ses voyages depuis 1954, dans tout l'interfluve Oubangui-Sangha, nous a été confiée après son décès prématuré en 1973, par sa mère.

l'organisation et l'idéologie de ce groupe dans le milieu naturel et humain où il se situe. C'est pourquoi l'étude de la langue se doit de précéder, d'introduire et d'accompagner la recherche dans toutes les autres voies, mais - dans cette perspective - elle se trouve elle-même limitée et conditionnée par l'avancement de la connaissance dans les autres disciplines. C'est en cela que notre recherche pluridisciplinaire, qui est bien une somme des connaissances apportées par les diverses orientations cumulées, est véritablement et proprement interdisciplinaire, en ce sens qu'aucune des disciplines concernées ne peut vraiment progresser sans l'apport de toutes les autres.

Comme il n'est plus concevable, de nos jours, qu'un même individu puisse posséder la maîtrise de toutes les sciences impliquées dans une telle approche du phénomène social, il est nécessaire, pour réaliser ce type d'étude, de faire appel aux différents spécialistes.

Cependant là où achoppent nombre d'entreprises de ce genre, c'est dans la méconnaissance réciproque des disciplines des autres qui rend difficile voire impossible la communication. On n'a alors pour résultat qu'une collection de vues limitées à leur strict objectif et non cette vision globale où tous les aspects et tous les niveaux s'interpénètrent et se répercutent les uns sur les autres sans pour autant perdre de leur spécificité.

C'est conscient de cet écueil que chacun des membres du groupe a fait effort, en toute humilité, pour se sensibiliser et s'initier aux problèmes, aux notions fondamentales et aux objectifs des autres disciplines.

Cet effort s'est révélé très fructueux pour tous. Ainsi, la connaissance de l'usage des classes nominales dans la langue permet au botaniste ou au zoologue de saisir les subtiles distinctions faites entre le spécimen, l'espèce, le peuplement ou la collectivité (dans le cas d'animaux sociaux); l'origine, la diffusion et les caractéristiques morphologiques des plantes utilisées pour la fabrication des instruments de musique sont révélatrices de l'emploi de ces instruments et de leur évolution dans le contexte social pour le musicologue; l'intelligence du système de la parenté et de l'organisation sociale ne peut être parfaitement acquise par l'ethnologue tant qu'il n'a pas connaissance de ses diverses projections et réinterprétations dans les différents systèmes classificatoires appliqués aux mondes végétal et animal ainsi que de ses figements ou de ses actualisations dans la langue.

De même, pour pouvoir fournir une documentation valable, exploitable par tous, chacun s'est astreint à l'apprentissage nécessaire pour

Carte 2 - SITUATION GEOGRAPHIQUE ET POLITIQUE DE L'AIRE AKA

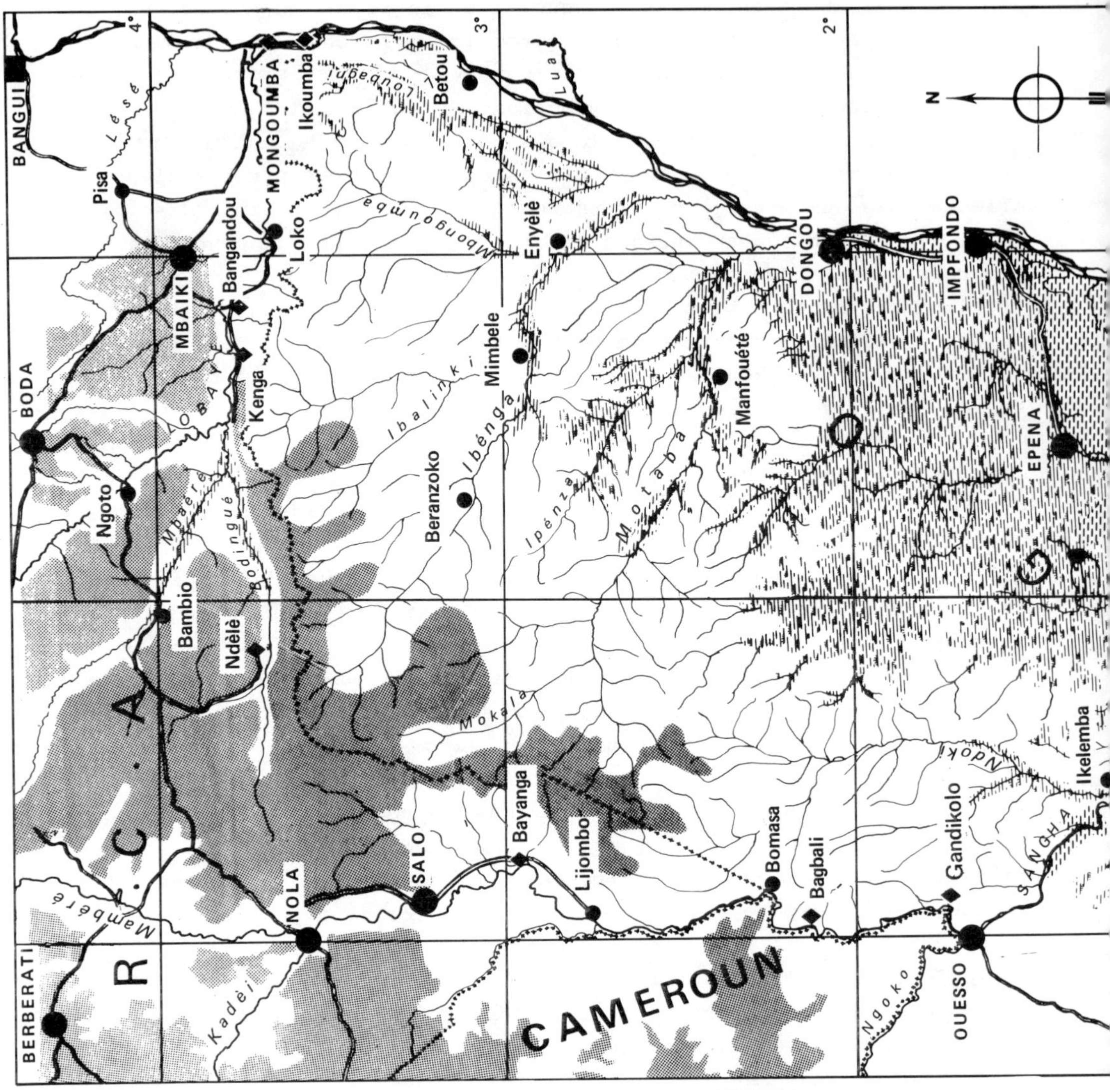

COURS D'EAU

ROUTES ET PISTES

FRONTIERES D'ETATS

MARECAGES PERMANENTS

COURBE DE NIVEAU DE 5

ZONES INONDABLES

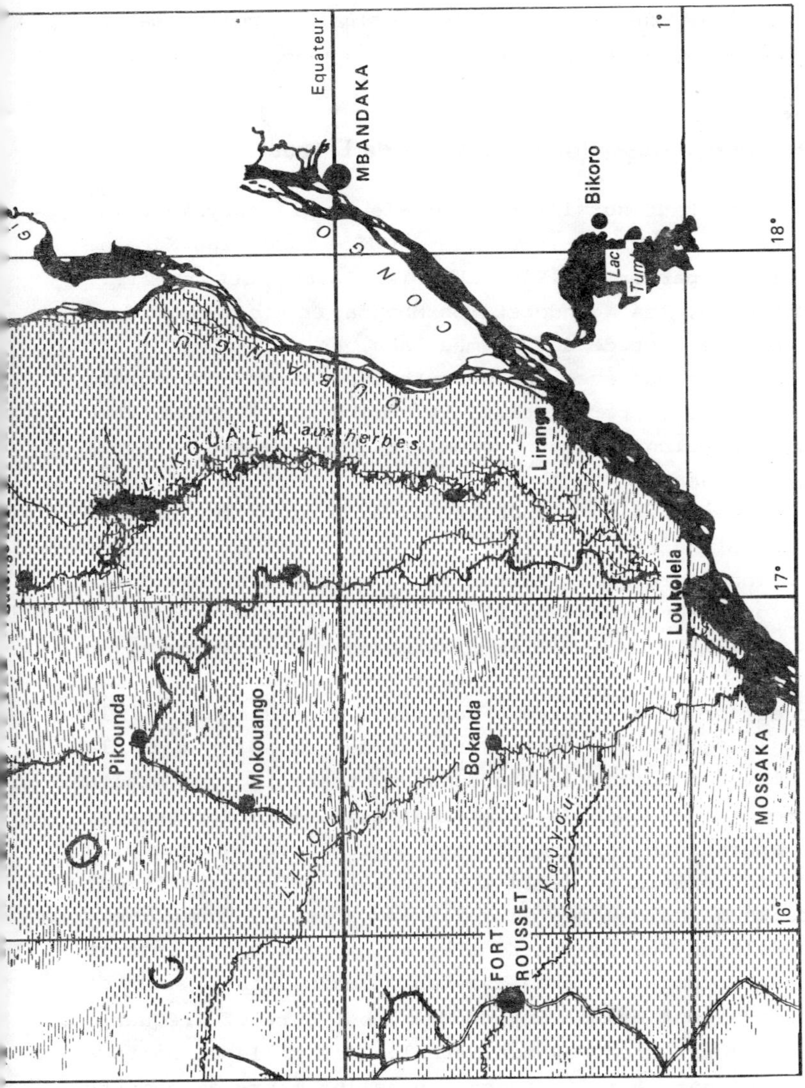

● VILLES

● PRINCIPAUX VILLAGES

◆ LOCALITES D'ENQUETE

une notation phonologique correcte de la langue et une indication des éléments de dérivation et de classification nominale, indispensables lorsqu'il s'agit d'une langue de type bantou, comme c'est ici le cas.

Situation géographique et humaine de l'étude

Si la recherche portant sur l'anthropologie de l'écosystème forestier d'Afrique Centrale était inaugurée en 1956 chez les Ngbaka-ma'bo puis poursuivie, à partir de 1966, chez les Isongo, les Gbanzili, ensuite chez les Monzombo, les Ngando et les Mbanza, ce n'est qu'en dernier lieu que fut abordée l'étude des Pygmées aka, en elle-même et non dans le cadre de ses relations avec une des ethnies noires envisagées. Il faut également, dans cette perspective, faire abstraction des travaux ethnologiques, technologiques et économiques réalisés dès 1954 par Lucien DEMESSE chez les Aka du Congo qui nous ont été fort précieux, mais n'ont malheureusement pas pu s'inscrire dans le cadre des travaux de l'équipe interdisciplinaire.

Celle-ci a commencé presque simultanément aux deux extrêmes, orientale — dans la région de Mongoumba, en 1971 — et occidentale — dans la région de Bagandou, en 1972 —, de l'aire d'extension de la population aka en Lobaye.

Cette ethnie est en effet répartie sur tout le sud-ouest de la Centrafrique : dans la Préfecture de la Sanga au sud de Nola; dans la Préfecture de la Lobaye, à partir de Mongoumba sur toute la rive droite de la Lobaye. Toutefois, en Lobaye, elle est également représentée, mais de façon plus sporadique et surtout dans un contexte beaucoup plus acculturé, jusqu'à la limite nord de la zone forestière — actuellement située à une trentaine de kilomètres au sud de la capitale, Bangui — et, plus à l'ouest, au delà de Mbaïki (Carte II). Au nord-est du Congo le milieu forestier, peu propice à l'établissement humain — aussi sobre et fugitif soit-il, comme l'est celui des Pygmées —, est surtout fréquenté dans les environs des cours d'eau où sont établis des villages noirs à proximité desquels viennent périodiquement installer leurs campements les Pygmées qui leur sont associés. L'aire aka, dans cette zone, s'étend jusqu'aux confluents de la Sanga, du Congo et de l'Oubangui.

C'est donc la partie nord de l'aire aka, dans la région la plus peuplée, entre Bagandou et Mongoumba, que s'est réalisée l'étude interdisciplinaire approfondie depuis 1971, qui se poursuivra pendant plusieurs années encore.

Malgré quelques différences dialectales, de Bagandou à Mongoumba, la langue parlée par les Aka est la même et il y a intercompréhension ; vers le sud, en direction de Bétou, les variantes dialectales s'accroissent mais l'intercompréhension subsiste ; vers l'ouest, la situation est plus confuse. Les Aka s'identifient comme différents, linguistiquement et ethniquement, d'autres Pygmées dits Mbènzèlè. Il semble cependant que cette volonté d'identité se fonde sur d'autres critères que ceux de la langue ou de la culture. En effet, les informations dont nous disposons nous permettent de croire que le mbènzèlè représente non pas une langue ou un dialecte aka spécifique, non plus qu'un groupe tribal ou ethnique déterminé, mais simplement les voisins Pygmées aka occidentaux dont chaque groupe a connaissance. Cette observation se fonde sur les faits suivants : le terme mbènzèlè est toujours utilisé par un groupe aka pour en désigner un autre situé plus loin vers l'ouest (pour ceux de Mongoumba, les Mbènzèlè sont à Bagandou; pour ceux de Bagandou, ils vivent au-delà de Bakota et ainsi de suite); cependant, les Pygmées vivant dans les vallées de la Bodingué et de la Sanga, tout en se disant Aka, acceptent ce nom de Mbènzèlè pour se désigner eux-mêmes. Ce terme est valorisateur et comporte les connotations de danseurs et chanteurs émérites en même temps que de meilleurs connaisseurs des traditions. Enfin, les enquêtes de vocabulaire effectuées par Lucien DEMESSE dans le quadrilatère Bétou-Dongou (à l'est sur l'Oubangui) / Nola-Bomasa (à l'ouest sur la Sanga), ainsi que les enquêtes de Serge BAHUCHET (QIL à Bayanga, liste étendue de vocabulaires spécifiques à Bayanga et Ndele) dans la vallée de la Sanga, révèlent une très grande homogénéité linguistique de toute l'aire, rendant impossible la délimitation d'un parler mbènzèlè distinct des parlers aka que nous avons étudiés.

Nous verrons d'ailleurs ultérieurement que la dialectologie de l'aka entre Bagandou et Mongoumba, notamment, est essentiellement due à l'environnement naturel et humain dans lequel se situent ces groupes (cf. 3.IV.6).

Le milieu naturel varie en effet sensiblement de l'ouest vers l'est. Dans la région de Bagandou, au sud des zones d'exploitation culturale des villageois, le territoire aka s'ouvre, vers le Nord-Congo, sur la grande forêt bien irriguée mais d'accès relativement aisé; il en va de même dans la région de Loko. En revanche, vers Mongoumba, le fleuve Oubangui à l'est, la Lobaye au nord constituent des limites infranchissables ; le long de ces cours d'eau, une forte implantation villageoise, déjà ancienne, a déterminé une bordure toujours croissante de forêt très dégradée; l'arrière pays, où le couvert reste encore suffi-

Carte 3 - LA LANGUE AKA PARMI LES AUTRES LANGUES

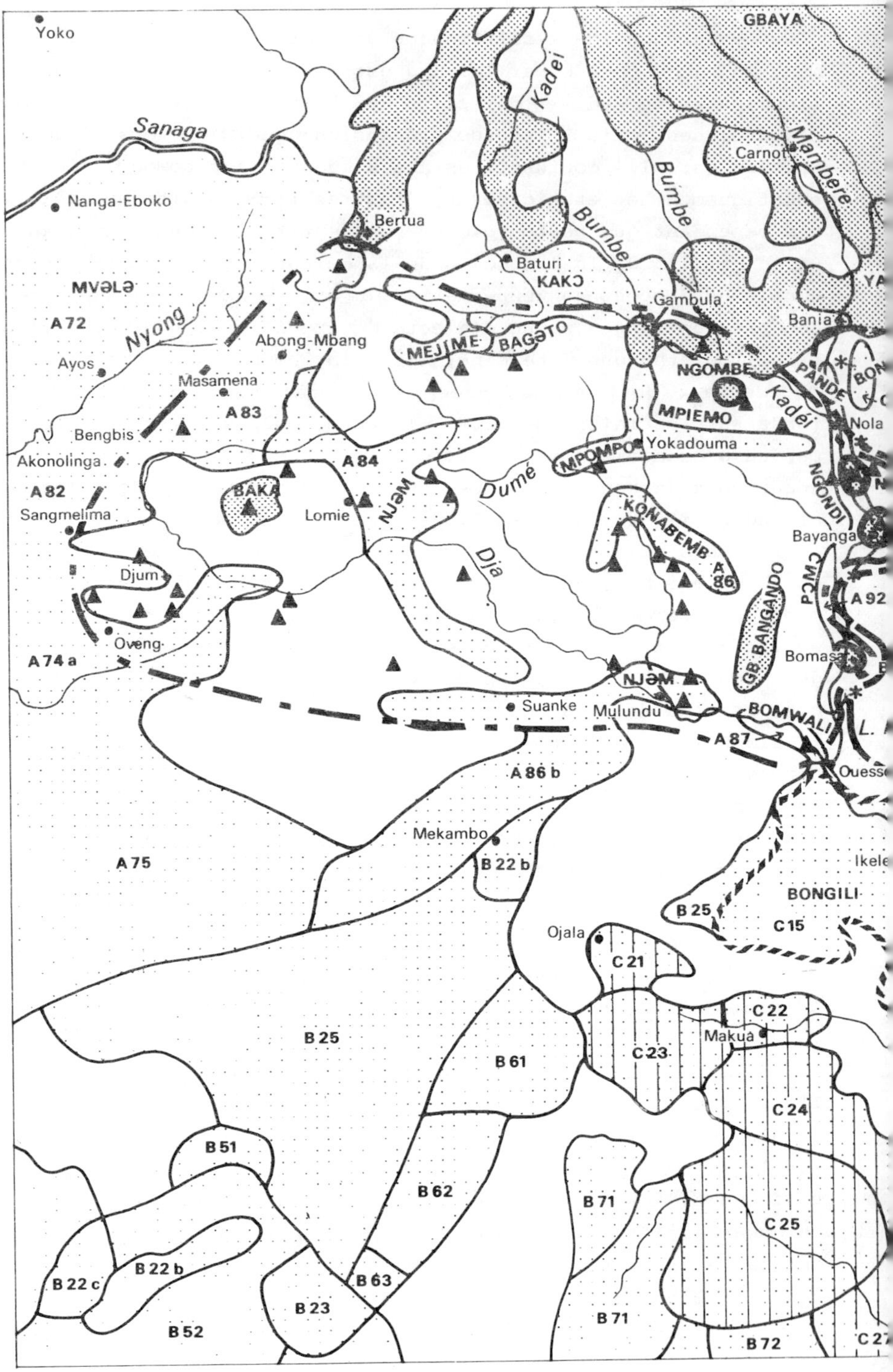

Carte dressée par Jacqueline M.C. THOMAS, 1978.

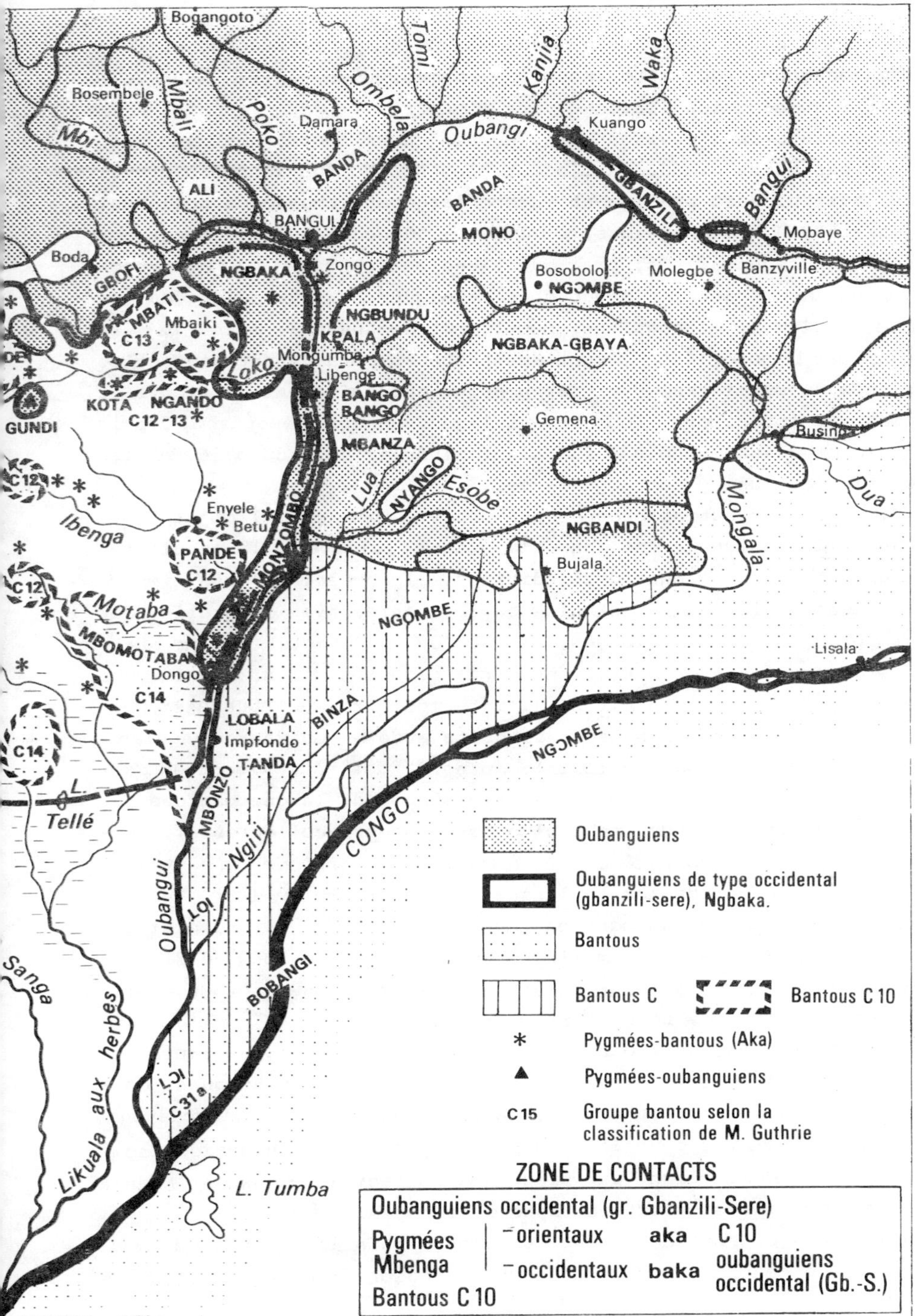

sant, constitué d'une forêt au réseau hydrographique très dense et fortement marécageuse, délimite, pour les hommes, un couloir orienté vers le sud et restreint les liaisons vers l'ouest.

La variété de l'environnement humain dans lequel évoluent les Aka n'est pas moins grande. A l'ouest, les Ngando, de langue bantoue, sont des agriculteurs pratiquant encore largement chasse et collecte. Les Ngbaka et Loko, oubanguiens, chasseurs - pêcheurs - collecteurs assez récemment sédentarisés, pratiquent une agriculture vivrière sommaire. Dans la région de Mongoumba, ethniquement très mélangée, les Monzombo, également oubanguiens, peuplement dominant — moins par le nombre que par la notoriété —, sont des pêcheurs, pratiquant une petite agriculture de subsistance, vivant presque exclusivement du fleuve et assez mauvais forestiers. Tous ces villageois se sont cependant, depuis une quinzaine d'années, mis à la culture industrielle du café, où les Pygmées tiennent une place importante.

Bien que les autres groupes aka n'aient pas fait l'objet d'une étude aussi intensive, étant donné la grande fluidité de la population et l'amplitude de mouvement des individus, il nous semble aussi important de signaler les autres ethnies environnantes avec lesquelles des contacts plus ou moins prolongés, directs ou indirects (par le biais d'autres groupes aka notamment) ont certainement eu lieu. Ainsi vers l'ouest et le nord-ouest, soit par l'intermédiaire des "Mbènzèlè", soit directement, des contacts se sont produits avec des Gbaya (oubanguiens, agriculteurs-chasseurs-collecteurs) ; au nord, des Aka vivent en association de longue date avec les Mbati-Isongo (de langue bantoue périphérique, assez atypique, agriculteurs-chasseurs-collecteurs) ; certains d'entre eux se sont même très étroitement inféodés aux villageois, au point d'en adopter la langue, abandonnant la leur. Les Aka du nord-est évoluent uniquement en pays ngbaka qui, malgré quelques différences dialectales et de milieu (ngbàkà-'bàlè, le long du fleuve, et ngbàkà-'bàkàngà, dans les terres), est assez homogène et en continuité avec la région de Loko (Carte III).

De l'autre côté de l'Oubangui, au sud de Libengue, une implantation mbanza (oubanguiens du groupe banda, agriculteurs pratiquant conjointement chasse et collecte) fut, jusqu'à l'abolition de l'esclavage, pourvoyeuse d'esclaves pour les Monzombo. Après leur libération, nombre d'entre eux demeurèrent sur place. Des contacts entre Aka et Mbanza — esclaves ou libres — se sont donc développés.

Tous ceux-ci sont de proches voisins, mais il n'est pas inutile de rappeler le peuplement récent de cette région (fin du XVIIIème siècle jusqu'au début du XXème siècle) et la grande mobilité de toutes ces ethnies depuis peu sédentarisées pour la plupart d'entre elles (un quart de siècle environ). Les contacts avec d'autres populations plus éloignées sont aussi probables, soit de groupe pygmée à groupe pygmée, soit plus indirectement encore par l'intermédiaire des villageois auxquels ils se sont associés. S'il est extrêmement difficile, voire impossible, d'en avoir des preuves historiques, la situation linguistique est là pour en témoigner et le moins qu'on puisse en dire est qu'elle est extrêmement complexe.

Au Congo, de petites fractions aka circulent au contact des populations oubanguiennes (monzombo) et bantoues (pande, mbomotaba, bondongo, loi) établies dans les parages du fleuve et de ses affluents jusqu'au confluent de l'Oubangui et du Congo. Plus à l'ouest, de part et d'autre de la Sanga entre Bania et Ouesso, sont implantés de petits groupes, très morcelés, de Bantous (Pande, Ngondi, Kaka, Pomo) et d'Oubanguiens (Ngombe, Nganzi, Bomasa et Gbaya) avec lesquels sont en relations les "Mbènzèlè", pratiquant une langue de type bantou, simple variante dialectale de l'aka, et d'autres Pygmées pratiquant une ou des langues oubanguiennes de type ngbaka-monzombo (Mbaka et Baka). La Sanga constitue d'ailleurs la limite entre Pygmées-bantous, vers l'est, et Pygmées-oubanguiens, vers l'ouest.

Remarque - La distribution des groupes pygmées au Nord-Congo et au Sud-Est-Cameroun figurant sur la Carte III a été établie d'après les relevés effectués par L. DEMESSE (doc. inéd.) entre la Sanga et l'Oubangui depuis la Lobaye jusqu'au niveau d'Ikelemba et d'Epena, d'après R. LETOUZEY (*op. cit.*) et R. BRISSON (com. verb. et 1979), à l'ouest de la Sanga.

Travaux réalisés par l'équipe sur le thème

La recherche concernant les Pygmées aka a donc commencé en 1971 et s'est déroulée plus précisément en deux points, Bagandou et Mongoumba. Dans la région de Bagandou les travaux de Serge BAHUCHET sur l'écologie et l'ethnoécologie se sont déjà concrétisés en un bon nombre de publications portant aussi bien sur le problème écologique dans son ensemble, que sur des points plus particuliers d'ethnozoologie ou de technologie; d'autre part, si ses travaux sont essentiellement centrés sur les Pygmées, leur étude est toujours envisagée dans sa réalité vécue et, étant donné les étroites relations qu'ils entretiennent avec leurs voisins villageois, les Ngando, une bonne connaissance de ces derniers lui permet de bien maîtriser les données de la question.

L'objectif de Claude SENECHAL, qui effectua son travail de terrain en 1975-1976, dans le cadre d'une autre équipe travaillant sur Bagandou, a été plus particulièrement d'étudier les rapports existants entre les Pygmées et les Ngando. Commencée plus tardivement et réalisée plus isolément, son étude est moins avancée que celles des autres participants à la présente entreprise.

C'est en 1979, que Alain et Sylvie EPELBOIN se sont joints à l'équipe où leur rôle consiste à étudier les notions de maladie et de mort et la conception du corps chez les Pygmées et leurs commensaux villageois. Leur première enquête s'est effectuée à Bagandou en 1980; ils poursuivront par une étude similaire à Mongoumba.

Dans la région de Mongoumba, les travaux d'une équipe interdisciplinaire (ethnolinguistes-ethnonaturalistes) avaient débutés en 1968 par une étude sur les Monzombo, lorsqu'en 1971 la venue dans le groupe du musicologue Simha AROM nous amena peu à peu, à sa suite, à centrer notre intérêt sur l'étude des Pygmées qui vivent en rapport avec les Monzombo. Ce furent d'abord des rudiments d'enquête linguistique, destinés à compléter l'enquête musicologique, que France CLOAREC-HEISS et Jacqueline M.C. THOMAS entreprirent (établissement d'une phonologie, vocabulaire musicologique et vocabulaire de base) qui peu à peu se transformèrent en une étude linguistique et ethnolinguistique approfondie. Plusieurs articles, deux multigraphies et un ouvrage en ont déjà résulté pour les ethnolinguistes ; des articles, un ouvrage et plusieurs disques pour le musicologue, d'autres sont sur le métier. Depuis 1975, Henri GUILLAUME s'est consacré à l'étude ethnologique des Pygmées dans le même temps que Jean-Michel DELOBEAU entreprenait une étude ethnohistorique des relations entre Pygmées aka et Monzombo. L'un et l'autre, ensemble ou séparément, ont déjà publié plusieurs articles, un ouvrage, un disque, deux films, résultant de ces travaux. Henri GUILLAUME poursuit sa recherche en s'attachant plus particulièrement à l'organisation politique, sociale et familiale des Aka. En 1976, Marie-Elisabeth MOTTE se joignait à l'équipe pour une étude de pharmacologie comparée aka-monzombo qui s'est en fait largement étendue à l'ensemble de l'usage des plantes dans ces deux ethnies, sur lequel elle a récemment produit une grosse publication et deux articles.

Tous ces travaux se poursuivent dans une collaboration toujours plus étroite, où le présent ouvrage s'inscrit comme un moment important : il fait le point des connaissances acquises par le groupe à ce jour, il favorise l'échange et ce faisant permet à chacun à la fois de mieux cerner son propre domaine et de mieux appréhender celui des autres, il exemplifie la rentabilité de l'interdisciplinaire, il met en évidence pour tous le rôle fondamental de l'approche linguistique.

2. PRÉSENTATIONS PERSONNELLES

L'ouvrage résultant de la collaboration d'un groupe de travail et se présentant comme un tout indissociable dans sa majeure partie, il nous a semblé souhaitable que chacun des participants exprimât individuellement son vécu personnel de l'expérience commune et les grandes lignes de sa recherche propre. Chacun d'entre nous s'efforcera donc d'introduire ici sa discipline, avec ses principaux centres d'intérêt dans le cadre de cet ouvrage, ses fondements théoriques et sa méthodologie, situant d'autre part son étude dans le milieu naturel et humain où elle s'est développée et l'approche qu'il en a fait.

MUSICOLOGIE ET ETHNOMUSICOLOGIE
par Simha AROM

Mon premier contact avec les Pygmées — et avec leur musique — remonte à fin 1963. En effet, le jour même où pour la première fois j'ai eu l'occasion de voir des Pygmées, j'ai également eu la chance de les entendre chanter. Cela se passait à une trentaine de kilomètres au sud-ouest de Bangui, dans la forêt de Sebokele.

Ce même jour, en les entendant, là, en lisière de la grande forêt équatoriale, je réalisai que je me trouvais en présence d'une musique polyphonique d'un degré d'élaboration, de complexité tant contrapuntique que rythmique parmi les plus élevés qui soient, dans le domaine des musiques sans écriture, qu'elles soient africaines ou d'ailleurs. A cela il faut ajouter la beauté même des chants, le timbre caractéristique des voix pygmées, à la fois rudes et chaudes, l'ingéniosité dans l'utilisation d'objets quotidiens (lames de fer qu'on entrechoque) ou éphémères (rameaux de papayer dans lesquels on siffle), en tant que véritables instruments de musique. Enfin, les modalités d'exécution : cette musique est collective et tous y prennent part; aucune hiérarchie n'y est apparente dans la distribution des parties; chacun semble jouir d'une liberté complète; les voix foisonnent en tous sens; les solistes alternent dans une même pièce sans aucun ordre prémédité et le résultat global demeure toujours d'une rigueur extrême! C'est là, peut-être, ce qu'il y a de plus frappant dans cette musique, s'il fallait la résumer en peu de mots : une dialectique *simultanée* entre rigueur et liberté, entre un cadre musical et une marge de manoeuvre individuelle à l'intérieur de celui-ci. Ceci, d'ailleurs, reflète parfaitement l'organisation sociale des Pygmées — soit dit en passant — et ce n'est peut-être pas fortuit.

Ce jour-là est né mon intérêt pour la musique des Pygmées (il ne serait pas "scientifique" de dire mon engouement) qui n'a pas cessé jusqu'aujourd'hui, près de quinze ans plus tard.

Bien au contraire, ayant eu, depuis, l'occasion de me familiariser, à des degrés divers, avec la musique de certains groupes pygmées, ma curiosité — de même que mon admiration — n'ont fait que croître face à ces gens étonnants qui, avec une désarmante simplicité — façonnent "sous vos yeux" des musiques extrêmement savantes, par manière de jeu, sans même avoir besoin de réfléchir, tant elle est spontanée. Sans même se douter, aussi, dans leur naïve candeur, que cette musique est d'une richesse et d'une complexité exceptionnelles et, que de ce seul fait, elle pose d'innombrables problèmes aux observateurs que nous sommes.

C'est depuis cette époque que j'ai essayé de trouver des ébauches de réponse à certains de ces problèmes, notamment ceux relatifs à la systématique musicale mise en oeuvre dans la polyphonie vocale et dans la polyrythmie, en d'autres termes aux modalités de structure de ces musiques.

Ma première mission effectuée chez des Pygmées a eu lieu, en 1965, chez les BaMbènzèlè de la région de Nola, localité située à l'extrême sud-ouest de la Centrafrique. Dans le cadre des activités du Musée Boganda, cette mission, réalisée avec la collaboration de Geneviève DOURNON, a permis une enquête extensive sur la musique, ainsi que la collecte d'un vaste *corpus* enregistré sur bande magnétique, représentatif des différents répertoires en vigueur chez ce groupe, à savoir : musiques de chasse, de funérailles, chants de huttes, berceuses, et une série de contes chantés et mimés. Une partie de cette moisson a fait l'objet d'un disque publié dans la Collection UNESCO "Anthologie de la Musique Africaine".

C'est en 1971, au cours d'une mission commune avec mes collègues linguistes J. THOMAS, L. BOUQUIAUX et F. CLOAREC-HEISS, que se fit le premier contact avec les Pygmées Aka de Mongoumba.

Enquête extensive sur les différentes circonstances dans lesquelles on pratiquait la musique, sur les fonctions de celles-ci, sur ses modalités d'exécution, sur les instruments, la terminologie musicale, etc. suivie d'une vaste collecte de documents enregistrés se rapportant aux différents événements : musiques de divination précédant les grandes chasses, pour découvrir l'auteur d'une maladie ou d'une mort suspecte, cérémonie précédant le départ à la collecte du miel, musiques de divination, musiques de consécration d'un nouveau campement, musiques de retour de la chasse, faisant intervenir le sifflet mò.béké, ce singulier instrument dont le jeu consiste en l'alternance de sons sifflés avec d'autres, chantés; jeux d'enfants chantés, chants de huttes et berceuses et, enfin, un délicieux "chant pour l'enfant dont la maman est enceinte" qui a pour but de sécuriser l'enfant quant à la constance de l'affection qu'éprouvent à son égard ses parents, malgré la venue prochaine d'une petite soeur ou d'un petit frère.

Là encore, une partie des documents a fait l'objet d'une publication sur disque, dans la Collection UNESCO "Sources Musicales".

Cette première mission chez les Aka devait devenir le point de départ d'une série d'autres missions effectuées respectivement en 1972, 73, 74, 77 et 78, qui ont permis, petit à petit, d'approcher de plus près le but que je m'étais fixé, à savoir *comprendre* le fonctionnement grammatical de cette musique, découvrir les règles qui sous-tendent sa réalisation.

En effet, le problème auquel on est confronté dans ce domaine est comparable à un problème phonologique. Un chant, n'importe quel chant des Aka, est identifié, reconnu comme une entité, *mais ne sera jamais chanté deux fois de manière identique*, la marge de variation qui y est admise est telle qu'un étranger a plus d'une fois du mal à admettre qu'il s'agit en effet de la même entité. Or, pour les Aka, qui l'identifient sur le champ, il ne s'agit là que d'une *réalisation* différente d'un même modèle, qui, tout comme un phonème, est abstrait, et auquel le chercheur ne peut aboutir que par tâtonnements successifs et déductions, par des méthodes qui évidemment varient quelque peu de celles de la phonologie car, bien que l'épreuve de commutation existe dans notre propre domaine, son application diffère; en musique ethnique — comme au demeurant dans toute musique — il n'est pas question de *sens*, mais de *valeur*, la musique étant, comme l'a si bien dit JAKOBSON, un langage qui se signifie lui-même.

Dans cette recherche, l'année 1973 marque un tournant. La mise au point d'un système d'enregistrement faisant appel à la technique du "play-back", appliqué à même le terrain, a permis l'élaboration d'un outil de travail essentiel pour la compréhension de la systématique musicale mise en oeuvre dans toute musique polyphonique ou polyrythmique de tradition orale, qu'elle soit pygmée ou autre (AROM, 1976). Cette méthode rend possible la séparation absolue de toutes les parties qui participent à une musique polyphonique, tout en maintenant les points d'imbrication de chaque partie avec toutes les autres. Il devient ainsi possible d'effectuer une transcription détaillée de telles musiques, dont le résultat se présente sous la forme de véritables partitions chorales et/ou orchestrales. Or ces partitions confirment ce que l'oreille pressentait, mais en permettant de "juger sur pièces", à savoir que toute pièce musicale polyphonique se présente comme un *ostinato à variations*, fondé sur la réitération de structures métriques, rythmiques, mélodiques, extrêmement rigoureuses à l'intérieur desquelles le déroulement horizontal de chaque partie, fondé lui aussi sur des éléments *ostinato* mais qui varient, donne lieu à un véritable paradigme dont certains termes peuvent, en des points très précis, commuter entre eux.

Au niveau de l'ensemble des parties d'une pièce — car, là, c'est leur combinatoire qui fonctionne en tant qu'*ostinato* à variations — on constate que toute réalisation de cet *ostinato* — qui est un cycle de temps ou, si l'on préfère, une "boucle" — constitue en lui-même le terme d'un paradigme, d'un méta-paradigme, puisque tout cycle réalisé par l'ensemble des parties peut librement commuter avec la réalisation de tout autre cycle de la même pièce, sans porter préjudice à la "valeur" de celle-ci, à sa cohérence.

Un autre aspect — tout à fait inattendu celui-ci — de l'utilisation du *play-back* est que cet outil expérimental, précisément en ce qu'il met les informateurs dans une situation inédite, inhabituelle, permet, en de nombreuses circonstances, de contourner l'une des difficultés qu'éprouve tout chercheur en sciences humaines qui se trouve confronté à une culture africaine, celui du *métalangage*. En effet, l'avantage d'une situation "artificielle", expérimentale, est de susciter de la part des informateurs des commentaires — donc des informations — spontanés, non provoqués et d'un intérêt fondamental, puisque se rapportant directement à la "fabrication" de musiques très complexes.

Ces commentaires répondent en général à des questions que le chercheur a été maintes fois amené à se poser — et à leur poser — mais sans pour autant obtenir de réponses pertinentes. Du fait de la différence de mentalité entre chercheur et informateur, le premier ne dispose pas, le plus souvent, du "canal" adéquat pour permettre à son interlocuteur de saisir où se trouve l'aspect pertinent de la question. Le procédé du *play-back*, qui permet aux informateurs d'entendre toutes les combinaisons d'une musique, même partielles — c'est-à-dire celles que dans la pratique quotidienne et "normale" ils n'entendent jamais, les amène ainsi souvent à *verbaliser*, à expliciter par la parole ce qui est implicite, bref, à fournir oralement *des données théoriques* proprement pygmées puisque *conceptualisées dans la langue vernaculaire*.

Dès lors, le chercheur peut inverser sa démarche. Procédant jusqu'ici de façon plus ou moins empirique pour remonter du message — ou d'un grand nombre de messages — au code qui leur est sous-jacent, une fois en possession d'une terminologie précise — ou du vocabulaire qu'ont les Pygmées pour parler de leur musique — le musicologue peut maintenant, détenant la clé, le code, vérifier le fonctionnement de celui-ci à travers un nombre donné de messages, qu'il peut même susciter; il dispose ainsi de tous les éléments nécessaires qui lui permettent d'étudier les relations dialectiques que les deux (code et messages) entretiennent entre eux.

A partir de ce stade, toutes les enquêtes antérieures peuvent être soumises à une vérification, sous un nouvel éclairage, qui permet de dégager, sur différents plans et à des niveaux différents, par une série de recoupements successifs, la pertinence du système musical proprement dit (oppositions discrètes entre différentes formules de rythme, modes de superposition des différentes parties vocales, qui portent toutes un nom caractérisant leur fonction dans le chant et/ou leur registre, etc.) et les rapports du système avec toutes les autres manifestations socio-culturelles, qu'il s'agisse d'une taxinomie de la musique ou encore de l'articulation de certains aspects musicaux avec des représentations symboliques, souvent très elliptiques. Ainsi, par ex. bòndó qui est le nom d'une formule rythmique qu'exécutent les tambours, désigne également : la danse à laquelle ce rythme correspond; un ensemble de chants pouvant être chantés pour l'exécution de cette danse, la cérémonie divinatoire pour laquelle on effectue cette musique et cette danse, mais aussi la plante hallucinogène que le devin pose sous sa langue lorsqu'il entreprend cette cérémonie.

De tels exemples abondent.

Il va de soi qu'une enquête sur un thème aussi vaste et qui implique autant de domaines, allant de la musique, en tant que support à la danse et, à travers cette dernière, à la divination, la technique de chasse, la botanique et, naturellement, la zoologie, pour déboucher finalement sur la symbolique ou la conception du monde d'une population, ne peut s'effectuer par *un seul* spécialiste, aussi générale soit sa discipline et grand son talent. Il y en a une pourtant qui joue un rôle essentiel, car elle est indispensable à l'accomplissement d'un travail sérieux quel que soit le domaine concerné : c'est la linguistique. Parce qu'elle concerne la langue, c'est-à-dire ce par quoi les gens d'une même société communiquent entre eux, de la façon la plus simple, et jusqu'aux choses les plus complexes auxquelles donnent lieu leurs systèmes de représentation symbolique, dans les domaines les plus divers. C'est aussi grâce à une approche interdisciplinaire que peuvent être infirmées ou confirmées diverses hypothèses que l'on a dans sa propre discipline (cela fut le cas notamment lors des séances communes sur le lexique, entre botaniste, linguiste, ethnologue, zoologue et musicologue).

NOTE BIBLIOGRAPHIQUE

AROM (S.) - 1976, The use of Play-back Technics in the Study of oral Polyphonies, *Ethnomusicology, J. of Soc. Ethnomus.* XX-3, pp. 483-519, 9 fig., 12 partitions.

ÉCOLOGIE ET ETHNOÉCOLOGIE PARMI LES AKA DE LA REGION DE KENGA ET DE BAGANDOU

par Serge BAHUCHET

Choix du terrain

Bien que le nombre de publications ethnologiques traitant des Pygmées soit très grand, la grande majorité de celles-ci sont des généralisations à partir des mêmes sources et l'on s'aperçoit très vite qu'il est impossible de trouver des articles sérieux sur chacune des régions où vivent les multiples groupes pygmées. TURNBULL (1965 : 147) insiste sur la nécessité de multiplier les études localisées :

> *"An examination of all the available source material indicates clearly the necessity for immediately establishing a limited study of well defined groups, uninfluenced by any theoretical preoccupations with questions of sociological unity, anteriority or origins. The term 'Pygmy' leads far too easily to meaningless generalization."*

Ainsi toute la littérature ethnographique et anthropologique concernant les Pygmées de République Centrafricaine porte sur les groupes de Haute-Sangha, à l'ouest (nommés quelquefois BaBènzèlè) : BRUEL (1910), REGNAULT (1911), POUTRIN (1910-11-12), LALOUEL (1949-50), HARTWEG (1952),

BALLIF (au Congo mais même groupe : 1954-55, 1977), DEMESSE (1972, 1975). On trouve rarement mention des BaBinga de la Lobaye, si ce n'est dans les études génétiques qui leur sont consacrées par CAVALLI-SFORZA (1968, 1969, 1971). Et lorsqu'il y a des articles sur la Lobaye, c'est souvent sur des groupes marginaux, acculturés, en milieu extra-coutumier (DEMESSE, 1963; PALES, 1938). C'est ce qui a déterminé le choix de cette région, négligée auparavant, peut-être parce que considérée comme trop proche de centres extra-coutumiers (Mbaïki, Bangui), mais cette proximité n'est pas suffisante pour décréter sans examen que ces Pygmées sont acculturés comme le fait SCHEBESTA (1940 : 27) qui les traite de "métis pygmoïdes" à la culture décadente.

Il s'agit donc là d'une population pour laquelle n'existe aucune monographie, *a fortiori* aucune étude précise de leurs relations avec la Nature. Il faut souligner d'ailleurs qu'il n'en existe pas non plus à ce jour pour les autres populations forestières de Centrafrique, ni pour les autres groupes Pygmées d'Afrique Centrale.

A l'origine, ce travail a été entrepris sur les conseils de Raymond PUJOL, Sous-Directeur au Muséum, afin d'être mis en parallèle avec les études ethnoscientifiques menées par celui-ci auprès des Isongo, agriculteurs-chasseurs de forêt, voisins des Pygmées, en Lobaye. Cette forêt était étudiée scientifiquement depuis plusieurs années par les chercheurs du Muséum National d'Histoire Naturelle, dans le cadre de la Station Expérimentale de la Maboké (Directeur : Professeur R. HEIM) : mammalogie, botanique, cryptogamie, entomologie et préhistoire étaient les principales disciplines. Lorsque cette étude a été choisie, elle s'inscrivait donc naturellement dans le programme multi-disciplinaire de la station (Par la suite, cette station a fermé ses portes).

Dans ce même temps, une équipe de linguistes et d'ethnolinguistes du C.N.R.S., sous la direction de J.M.C. THOMAS, étudiait intensivement les principales ethnies de la région (Ngbaka, Isongo, etc.) commençant en 1971 à étudier la langue des Pygmées vivant à Mongoumba, à 200 km à l'est de la Maboké. L'environnement scientifique en Lobaye était donc, à l'origine, très favorable à un travail ethnoécologique.

Ayant ainsi choisi la préfecture de la Lobaye, j'ai recherché avec l'aide de R. PUJOL et de P. ROUXEL, alors gérant de la station, une localité favorable et nous avons décidé de traverser la Lobaye pour m'installer au sud de cette rivière, vers une forêt encore protégée de l'exploitation forestière moderne qui sévit dans le reste du pays. Là, j'ai visité plusieurs villages et de nombreux campements Pygmées pour finalement m'arrêter à Kenga, à 20 km à l'ouest de Bagandou.

L'ensemble de cette étude a donc été effectué dans la forêt au sud du village de Kenga (17°42' E., 3°43' N.). Ce village de 350 habitants, appartenant à la commune rurale de Moboma (sous-préfecture de Mbaïki) est situé sur une piste routière en mauvais état, rarement fréquentée et qui est un cul de sac de 40 km, Kenga étant situé à moitié-chemin. On traverse la Lobaye à la hauteur de Bagandou, par un bac qui fut fréquemment hors d'état de marche pendant mes divers séjours, ce qui obligeait à traverser en pirogue et à continuer à pied. L'agglomération de Bagandou, située juste après le bac, au début de la piste de Kenga, est assez souvent visitée par des étrangers à la région, ce qui n'est pas le cas des villages suivants. Cet isolement tout relatif a en partie déterminé le choix de ce village.

Kenga n'est qu'un point situé sur la limite nord de la zone où vivent les Pygmées contactés, l'endroit où les groupes reviennent périodiquement. Le territoire réel s'étend vers le sud, à cheval sur la frontière Centrafrique-Congo, le centre de ce territoire est approximativement à 17°37' E, 3°38'N.

Méthodes employées

Si une étude ethnoécologique des Pygmées ne nécessite pas, *a priori*, des méthodes autres que celles habituelles à l'ethnologue, plusieurs précautions sont à prendre pour ne pas obtenir des résultats et des observations complètement faussés.

Les Pygmées sont depuis des siècles considérés par leurs voisins comme des inférieurs, pour ne pas dire des animaux. Et depuis des siècles, ces voisins essaient par tous les moyens d'asservir, d'exploiter les "petits hommes". Le résultat est d'abord une extrême méfiance des Pygmées, une extrême mobilité, une aptitude à se cacher et à se sauver très grande. Ensuite, le mépris des villageois pour les hommes de la forêt est tel qu'en présence de Grands Noirs, les Pygmées *jouent le rôle* que l'on attend d'eux, le rôle des "idiots", des inférieurs sans esprit. Enfin, actuellement, les Pygmées "appartiennent" tous à des "propriétaires" villageois qui se reconnaissent de grands droits sur eux, y compris celui de leur dicter leur conduite, voire leurs danses et leurs croyances, ceci devant l'européen afin de montrer leur puissance sociale. C'est dire le *rôle perturbateur* des voisins villageois dans un camp pygmée.

Il est donc absolument nécessaire d'effectuer les observations et les enquêtes en l'absence de villageois, et surtout en l'absence du "propriétaire" des Pygmées. Pour cela il faut habiter dans le camp des

Pygmées et non au village pendant la durée de l'enquête, même si le camp est à proximité du village. En effet, si les patrons sont prêts à accompagner "le Blanc" dans le camp et à rester avec lui pendant qu'il pose ses questions, ils n'apprécient guère d'y rester longtemps et surtout d'y dormir. La plupart des observations anciennes sur les Pygmées avaient été effectuées sans les précautions que je viens d'énoncer et quelques-uns des travaux les plus classiques sont entachés d'erreurs car ils ont été réalisés à partir du village et non dans le campement. DEMESSE et TURNBULL ont été les premiers anthropologues à vivre complètement avec les Pygmées; TURNBULL s'en est expliqué dans son ouvrage "*The Mbuti Pygmies*" (1965).

Le village de Kenga ayant été choisi, en août 1972, j'ai dû passer une semaine au village en discussions avec le chef avant d'obtenir l'autorisation d'aller habiter chez les Pygmées, dont le camp n'était alors qu'à un kilomètre du village. Le chef du village redoutait des accidents qui pouvaient arriver "en forêt" et pensait en être tenu pour responsable. Mais une fois convaincu, il a toujours manifesté, par la suite, la plus grande compréhension à mon égard, et lui-même et son fils m'ont toujours aidé du mieux qu'ils ont pu. Cependant, je n'ai jamais changé mes précautions, à savoir habiter au camp et effectuer les enquêtes sans les villageois avec la seule aide de mon assistant. De cette manière, tout en conservant des rapports excellents avec le chef et surtout son fils, chez qui je logeais lors des passages au village et chez qui je laissais mes affaires, mon comportement ne laissait aucun doute aux Pygmées qui ont toujours su que j'étais "de leur côté", ne "rapportant" rien au propriétaire et prenant toujours parti pour eux si nécessaire. C'est dans ces conditions que j'ai pu observer toutes les activités qui se pratiquaient pendant mes séjours au camp. Mes observations portent maintenant sur trois séjours d'inégales durées en Centrafrique. Le premier a eu lieu d'août à octobre 1972. C'était mon premier contact avec la forêt et avec les Pygmées. Après avoir choisi et surtout avoir été accepté par le groupe dont le patriarche était YEMBU, homme d'une soixantaine d'années, j'ai campé avec eux à la lisière de la forêt et à proximité de plantations abandonnées de Kenga (SB, 1972).

Le deuxième séjour, en décembre 1974 et janvier 1975, a été effectué dans la même famille, celle de Yèmbu, mais c'est ce séjour qui a été réellement le seuil de mon admission sans restriction. Ce séjour a eu lieu dans un camp établi en pleine forêt à sept heures de marche de Kenga et il n'y avait là que les Pygmées et moi (SB 1975).

Le troisième séjour a été plus long, puisque je suis resté en Centrafrique du 14 novembre 1975 au 7 mai 1977 (SB 1978). Basé au centre ORSTOM de Bangui, j'ai effectué des séjours de quelques semaines tout au long de l'année, dans le camp de Yèmbu et dans les camps de ses alliés gravitant dans la région de Kenga. Cette méthode m'a permis de récolter des collections ethnoscientifiques (herbiers, fruits, animaux) et de les conserver en bonnes conditions, les ramenant et les traitant à Bangui régulièrement, tout en ne lassant pas trop les Pygmées, non par ma présence, mais plutôt par mes questions continuelles.

En effet, il m'est bientôt apparu que les Pygmées de cet endroit se fatiguent très rapidement des séances de questions. L'usage des questionnaires est donc inadapté, plus de trois quarts d'heure de questions étant insupportables à un informateur aka qui d'ailleurs le montre très clairement.

Dans ces conditions, il n'était possible que de regarder et d'attendre, chaque événement suscitant questions et explications. Mais même dans ce cas, au bout de deux ou trois semaines, la lassitude est manifeste; les réponses sont moins précises, quelquefois brutales.

Pour illustrer ce propos, je citerai une phrase de Marie MARTIN qui me paraît fondamentale pour les études ethnoscientifiques :

> "Je considère que l'observation silencieuse, l'écoute, la conversation à bâtons rompus, une question posée au hasard de-ci de-là, l'éducation botanique (et plus généralement du milieu naturel) donnée au chercheur par la population, constituent la phase essentielle du travail au cours de laquelle sont révélés les habitudes et les pratiques du groupe, les structures classificatoires et les modes de cheminement de la pensée" (1975 : 269).

J'ai effectué, au cours de ce dernier séjour en Centrafrique, des missions et des tournées pendant 270 jours, dont environ trente semaines en vivant entièrement dans un camp pygmée en pleine forêt. Les autres furent passées au village à des enquêtes complémentaires ou en forêt à des relevés botaniques.

A partir de décembre 1976, j'ai effectué de nombreuses enquêtes ethnoécologiques dans des campements situés dans l'agglomération de Bagandou (vingt km à l'est de Kenga), en profitant de la notoriété que m'avaient apporté les séjours à Kenga, ceci tout en maintenant des contacts avec les Pygmées de Yèmbu et en y retournant par la suite (mars-avril).

Une quatrième mission de cinq mois (juillet à novembre 1978) m'a permis de continuer l'enquête extensive commencée en 1977, recoupant et complétant largement les informations obtenues précédemment, tout en effectuant des recherches de documents dans plusieurs dépôts d'archives (Mbaïki, Boukoko, Bangui).

Au cours de celle-ci, j'ai approfondi particulièrement l'étude ethnozoologique des chenilles, et recueilli des documents oraux sur l'histoire des Bangando et de leurs villages avant et pendant la colonisation française. Pendant ce séjour, j'ai également effectué des enquêtes lexicales en vue de vérifier, recouper et compléter à Bagandou les vocabulaires spécialisés (environ 400 termes) recueillis à Mongoumba par d'autres (J. THOMAS, H. GUILLAUME, E. MOTTE).

Pendant la cinquième mission de trois mois (avril à juillet 1979), a été réalisée avec Henri GUILLAUME une grande tournée d'enquêtes extensives, en visitant toute la zone forestière centrafricaine, de Bangui à la Sangha (de Bagandou à Lizombo en passant par Boda, Ngoto, Bambio, Nola et Bayanga).

Au cours de ce voyage, nous avons cherché à :

- obtenir des informations sur le mode de vie actuel et passé des populations actuellement forestières et ayant des contacts avec des Pygmées (Ngando, Bofi, Pande, Banda-Yangere, Ngundi, Mbimu, Kaka, Pomo-Sangasanga);
- recueillir des témoignages sur l'arrivée des Blancs, la mise en place et les modalités de l'économie de traite coloniale et la participation des Pygmées à celle-ci;
- contacter les groupes Pygmées en rapport avec ces populations et les comparer à ceux que nous connaissions (groupes de Mongoumba et de Bagandou-Kenga, de langue aka). Nous avons ainsi rencontré des Pygmées "appartenant" aux Bofi et ne parlant que cette langue, puis des Pygmées traditionnellement dits "BaMbènzèlè" (de Bambio à Bayanga). J'ai alors effectué une enquête dialectologique parmi plusieurs groupes de "BaMbènzèlè", principalement à Ndèlè et à Bayanga. Dans ces deux localités ont été "testés" environ 700 mots tirés du vocabulaire technique, naturaliste et rituel recueillis en Lobaye dans les divers lieux d'enquêtes, puis à Bayanga j'ai réalisé un Questionnaire d'Inventaire Linguistique (de 220 phrases). Parallèlement ont été réalisés à Bambio un Q.I.L. de pandé (Bantou C 10) et à Bayanga un Q.I.L. de kaka (Bantou A 93), deux ethnies "propriétaires" de Pygmées.

Ces enquêtes nous permettent d'affirmer que *les Pygmées vivant dans l'immense triangle de forêt* (d'une surface approximative de 99 000 km2) *comprise entre l'Oubangui, la Sangha et la Lobaye* (Carte II) *parlent une seule langue, l'aka* (Bantou C 10). Cette langue est divisée en plusieurs dialectes, à variantes surtout lexicales. Ce fait est particulièrement important puisque dans cette même zone de forêt vivent au moins

14 ethnies différentes, toutes "propriétaires" de Pygmées, et parlant des langues de plusieurs familles (oubanguiennes - bantoues C 10, A 80, A 90). Ce qui permet d'affirmer, s'il en était encore besoin, que *les Pygmées ne parlent pas la langue de leurs patrons*.

Depuis le début de mon travail, j'ai maintenant des observations qui portent sur une période de trente trois mois (quatre saisons sèches et cinq saisons des pluies), pendant lesquels j'ai passé approximativement soixante semaines entièrement dans un campement en forêt, en réduisant au minimum les contacts avec le village.

J'ai travaillé tout le temps avec un assistant, à la fois compagnon, aide technique précieux pour les observations et interprète. Cet assistant, Pascal SOBELE, jeune Ngando né en 1952, pratiquant également ngando et aka (langue pygmée), parle et écrit bien le français. Ce jeune homme était originaire d'un autre village. Il n'était jamais venu à Kenga où il ne connaissait personne. Il a toujours été avec moi chez les Aka et ceux-ci savaient qu'il n'avait pas plus de liens que moi avec leur propriétaire. Il a été admis aussi bien que moi dans le groupe de Yèmbu, autant parce qu'il était mon compagnon que grâce à sa gentillesse vis-à-vis des Pygmées, ce qui est un fait rare parmi les villageois. Ceci pour dire que toutes mes enquêtes ont été faites avec son aide. En effet, si je connaissais moi-même assez de vocabulaire pour échanger quelques mots avec les gens du camp et pour suivre le sens des discussions, la présence de mon assistant était nécessaire pour mener à bien les interrogatoires.

Problématique

Il s'agissait à l'origine d'effectuer un inventaire des relations des Pygmées avec le monde animal, afin de le mettre en parallèle avec une des études menées dans une population voisine d'agriculteurs-chasseurs de forêt, les Isongo (étude menée par R. PUJOL). Mais, d'une part en l'absence de toute bibliographie ethnologique sur cette région en général et sur ces Pygmées en particulier, d'autre part en raison des nombreuses connections avec le monde végétal, il s'est avéré nécessaire d'étendre cette étude à l'ensemble des relations avec la Nature. Comme il s'agit d'une population de chasseurs-collecteurs vivant dans un environnement riche, leur étude d'un point de vue écologique se révélait intéressante, afin d'être mise en parallèle avec les études portant sur des chasseurs-collecteurs vivant dans des milieux pauvres ou marginaux (sub-désertiques), tels que les Bochimans du Kalahari ou les Australiens.

On se pose plusieurs questions : comment ce mode de vie basé sur la chasse et la cueillette fonctionne-t-il, comment a-t-il pu se perpétuer et persister jusqu'à l'époque actuelle, quelle est son ancienneté, quels changements ont pu intervenir et pour quelles causes? Il s'agit en fait de *comprendre le fonctionnement d'un écosystème en y incluant l'homme*, centré sur l'homme, donc d'évaluer l'impact des activités humaines sur la forêt, de rechercher s'il y a effectivement un équilibre entre les activités humaines et le milieu forestier, dans quelle mesure il est conscient et par quelles lois empiriques il est régi. A l'inverse on se demande quels éléments du milieu agissent comme des contraintes influant de ce fait sur le groupe social considéré comme un organisme. On doit donc chercher si les lois écologiques de l'action, réaction et coaction sont pertinentes pour un groupe humain.

En recensant les connaissances traditionnelles ethnonaturalistes et en disséquant les usages qui sont faits de la Nature, on essaye de comprendre à travers les relations avec la Nature, les relations économiques et sociales des hommes entre eux, c'est-à-dire de réaliser une *étude de la Société aka en prenant la Nature comme point de départ*. Ce qui à ma connaissance n'a pas été réalisé à ce jour dans cette région, ni dans aucun groupe Pygmée d'Afrique.

Au fur et à mesure de l'enquête sur le terrain, il est devenu évident qu'il y a actuellement des relations économiques fondamentales entre ces chasseurs-cueilleurs et leurs voisins agriculteurs. On se pose dès lors la question de l'ancienneté de ces relations, et de leur importance sociale : s'agit-il là d'une acculturation, et dans quelle mesure? On se demande alors, sur un plan plus général si de telles relations existent pour d'autres chasseurs - cueilleurs, voire pour des chasseurs - cueilleurs préhistoriques.

Il est enfin important d'obtenir des données très précises, afin de pouvoir par la suite comparer les Pygmées aka avec les nombreux autres groupes Pygmées d'Afrique (dans la mesure où des publications scientifiques sont disponibles), de voir quelles sont les constantes de ce mode de vie et d'essayer de cerner les différences, les variantes et d'en chercher les causes.

En résumé, l'*étude écologique des Pygmées aka*, assez proche de l'écologie culturelle[1] des Anglo - Saxons, cherche à *déterminer les influences réciproques de la Nature et de l'organisation sociale*, en partie en quantifiant l'impact des Aka sur la forêt.

---

[1] *Cultural ecology is the study of the process by which a society adapts to its environnement*, STEWARD (1968 : 337).

L'*étude ethnoécologique* cherche à décrire ce que les Aka savent de leur milieu, et *comment ils utilisent leurs connaissances ethnoscientifiques de la forêt pour y survivre et l'exploiter.*

Résultats obtenus

J'ai donc entrepris, depuis 1972, une étude à long terme visant à définir la place occupée par les chasseurs-cueilleurs Pygmées dans l'écosystème forestier centrafricain.

Ethnoécologie.

Dans le premier temps j'ai effectué un inventaire des plantes ayant un usage technique et des animaux, en cherchant à en obtenir l'identification scientifique. J'ai pour cela récolté des échantillons et réalisé des collections (herbier, graines et fruits; peaux et crânes de mammifères; insectes, etc.). Au fur et à mesure de l'élaboration de cet inventaire étaient observées et recueillies les techniques d'acquisition, de transformation et de consommation ou d'usage de ces produits. Ainsi ai-je pu étudier la construction des outils et objets, les transformations des aliments, les techniques d'acquisition des invertébrés (récolte des chenilles), du miel et les techniques de capture, de découpe du gibier, etc.

Une telle étude allait de pair avec l'établissement de fiches ethnobiologiques, dans lesquelles étaient portées les connaissances des Aka sur l'histoire naturelle des plantes (descriptions, saisons de croissance, relations avec les animaux) et des animaux (description, comportement, vie sociale, écologie). Cette enquête permit de comprendre comment les chasseurs utilisent leurs connaissances de l'écologie (habitat privilégié; aliments) et de l'éthologie (comportements d'alerte, d'agression, de fuite) des animaux pour réussir leur capture, et comment diverses techniques de chasse et de piégeage sont adaptées au comportement des proies : c'est-à-dire *comment les Pygmées appliquent leurs ethnosciences.*

J'ai donc obtenu une documentation importante sur les connaissances et les usages de la plupart des plantes et des animaux, ceux qui apparaissent d'une manière "usuelle" dans les activités des Aka. Cette documentation permet en particulier de comprendre comment les Aka nomment et reconnaissent les éléments de leur environnement, comment ils

---

[2] CONKLIN (1954 : 63) est l'initiateur de cette discipline directement issue de l'*ethnobotanique* ou "botanique des peuples" laquelle, pour lui, est principalement concernée par *the folk botanical knowledge and its organization.*

les classent et comment il les font s'articuler.

Ecologie.

En même temps que je réalisais cet inventaire des éléments du milieu, reconnus et utilisés par les Aka, était menée une observation de leurs activités quotidiennes. On a quantifié chaque jour le temps passé aux diverses activités, tout au long de l'année, et pesé systématiquement les produits obtenus. En même temps, j'ai pesé les repas pris par l'ensemble des habitants du camp. Le dépouillement de ces données permettra d'analyser l'importance de l'action des Aka sur le milieu, ainsi que leur effort de travail et les gains, et d'évaluer la consommation alimentaire et le régime nutritionnel (grâce à des analyses biochimiques des aliments).

J'ai pu d'autre part évaluer la surface de quelques territoires de bandes, les surfaces exploitées par les Aka au cours de leurs diverses activités de subsistance ainsi que la taille et la structure des bandes : ceci permit de calculer la densité de la population aka (SB, 1979).

L'étude écologique du milieu proprement dite est en cours d'achèvement. D'une part elle embrasse l'ensemble de l'aire où vivent des Pygmées de même langue (interfluve Oubangui-Motaba-Lobaye-Sangha) et comporte une analyse climatologique, une étude de la répartition des différents types de forêt et, par extension, de la grande faune. D'autre part une étude plus ponctuelle est effectuée dans la région de Kenga, en vue d'évaluer la répartition temporelle et spatiale des ressources : cycles biologiques, disponibilité des ressources alimentaires sauvages, productivité des arbres, densité des espèces.

Ethnologie

Cet ensemble de données sur les relations des Aka avec le milieu forestier va de pair avec une étude ethnologique des rapports sociaux de production et de consommation, les modalités de coopération, de partage et de répartition des produits. Celle-ci est étendue aux relations économiques, fort importantes et omniprésentes, avec les populations voisines.

Enfin, une enquête sur l'histoire économique de la zone forestière (principalement pour la période coloniale) a été engagée, pour chercher à définir de quelle manière les Aka ont participé aux commerces de traite des produits naturels, et quelles modifications ont été induites par cela dans les rapports (techniques et sociaux) avec la Nature (SB, 1978).

NOTES BIBLIOGRAPHIQUES

On trouvera les références ayant trait aux Pygmées dans la bibliographie générale de l'ouvrage.

CONKLIN (H.C.) - 1954, *The relation of Hanunoo culture to the plant world*, PhD., Yale University (roneo), 471 p.

MARTIN (M.A.) - 1975, L'ethnobotanique, science *per se* ? A propos d'un livre de BERLIN, BREEDLOVE, RAVEN, "The principles of Tzeltal plant classification", (Paris), *J.Agri.Trop.Bot.Appl.* (7-8-9), pp. 237-276.

STEWARD (J.) - 1968, Cultural ecology, *Int. Encycl. Soc. Sc.* 4, (N.Y.) Macmillan, pp. 337-344

LINGUISTIQUE À MONGOUMBA

par France CLOAREC-HEISS

Ma collaboration à cette vaste monographie aka n'a pas été — au début — scientifiquement délibérée. Jusqu'en 1971, date de notre premier contact avec la société aka, je me suis entièrement consacrée à l'étude de la langue banda — essentiellement le dialecte linda — qui est parlée par des gens de savane dans le secteur est de la Centrafrique. Voulant étendre mes investigations à d'autres parlers du même groupe et notamment au mbanza parlé majoritairement au Zaïre, sur la rive gauche de l'Oubangui et en Centrafrique dans la région de Mongoumba, j'ai participé à la mission de 1971 que préparaient Jacqueline THOMAS et Luc BOUQUIAUX, linguistes, et Simha AROM, musicologue, à Mongoumba.

Animée d'une curiosité particulière à l'endroit des sociétés pygmées, comme je crois nous l'étions tous, j'ai tout naturellement et spontanément participé d'abord à la prise de contact avec le groupe aka vivant au campement du vieux Mbonzo puis à l'enquête ethnomusicologique et très rapidement, avec J.M.C. THOMAS, à l'enquête linguistique.

Au début de cette première mission, nous avons donc recensé une partie importante du vocabulaire ethnomusicologique. D'emblée confrontés au problème de la notation, nous avons commencé l'enquête linguistique proprement dite avec le questionnaire d'enquête extensive. J'ai été particulièrement intéressée à ce stade par les problèmes de notation que pose une langue à deux tons. En effet, dans cette région de Centrafrique, nous n'avions connaissance que de langues à trois (ngbaka, mbanza) ou quatre registres (monzombo, isongo). La notation d'un ton haut final était particulièrement délicate puisqu'en finale absolue la réalisation en est toujours descendante. Il est vite apparu également que nous étions en présence d'une langue à classes.

La deuxième mission a eu lieu très peu de temps après (trois semaines) ce premier contact. Mon principal souci était de récolter un matériel suffisant pour permettre l'établissement d'une esquisse phonologique. Or l'enquête sur questionnaire auprès d'une population avec laquelle je n'avais pas de langue de communication n'a pas pu aller très loin. J.M.C. THOMAS et moi avions alors décidé que l'essentiel de la rapide collecte serait obtenu à partir de documents iconographiques. Cette procédure présentait le double avantage d'être rapide et de provoquer l'enthousiasme des informateurs. J'étais bien consciente du peu de sécurité quant à l'exactitude des déterminations mais j'obtenais ainsi un important vocabulaire et pour chaque terme, je consignais soigneusement les formes singulier et pluriel. Il est apparu, lors de la vérification effectuée par J.M.C. THOMAS en 1978 que les animaux qui étaient l'objet d'une chasse avaient en grande partie été correctement identifiés mais qu'il n'en allait pas de même pour les oiseaux. Pour ceux-ci, j'obtenais (en toute innocence) des termes désignant des types de végétation, des phénomènes atmosphériques, plantes, mouvements, etc. (*Etudes pygmées* II, p. 32).

La troisième mission — et en ce qui me concerne provisoirement la dernière — a été de nouveau une mission commune avec J.M.C. THOMAS et S. AROM. Nous avons alors mis à profit les connaissances que nous avaient livrée l'exploitation des données pour pousser plus avant nos investigations tant sur le plan du lexique que du fonctionnement grammatical. Nous avons pu, à ce moment dégager le système des classes nominales, amorcer la transcription et la traduction du premier texte.

Depuis lors (fin 1972), les missions d'enquête se sont multipliées, le nombre des participants s'est élargi. Pour ce qui concerne l'analyse j'ai essentiellement travaillé le niveau phonologique (*Etudes pygmées* II). Dans le présent ouvrage, j'ai préparé la partie retour français-aka.

APPROCHE ETHNOMÉDICALE
par Alain et Sylvie ÉPELBOIN

Notre insertion dans le "groupe Pygmée" du LACITO (LP 3121) est tardive (1979). Aussi, dès avant le premier départ avons nous disposé de la masse considérable de données et de réflexions cumulées par cet-cet équipe multidisciplinaire. Notre travail s'en est donc trouvé fortement avancé.

Sur place, notre double formation de médecins et d'ethnologues nous a permis de recueillir d'autres matériaux selon une méthodologie propre rôdée antérieurement chez les Fulbe bande et les Nyokholonke du Sénégal Oriental (AE et SE, 1981).

La présence de l'ethnologue n'est habituellement pas facile à comprendre pour ses hôtes : ceux-ci lui attribuent une place ou un rôle souvent sans rapport réel avec l'objet de son enquête. Dans notre cas, notre statut de "thérapeutes" nous place d'emblée, indépendamment du but ethnomédical de notre recherche, dans une position socialement reconnue, immédiatement appréciable par nos interlocuteurs. Lors de l'approfondissement de ces relations, notre statut évolue, mais reste dominé par cette activité médicale.

Puisqu'il s'agit d'enquête sur la "maladie", sa perception, son devenir, chacun des malades qui nous consulte devient de fait un informateur; ceci n'empêche pas une technique d'enquête plus habituelle marquée notamment par des entretiens avec des informateurs privilégiés.

Nous nous proposons de dégager une problématique d'ethnomédecine au travers de l'étude des séméiologies médicales populaires, des itinéraires diagnostiques et thérapeutiques des Pygmées aka et de leurs commensaux villageois : ngando, mbati (bantous), forestiers cultivateurs; monzombo, ngbaka (oubanguiens) respectivement pêcheurs et chasseurs récemment sédentarisés.

Les relations entre ces couples de populations, Pygmées/villageois, sont basées sur des échanges inégaux, divers en qualité et en quantité.

Les concepts de Santé et de Maladie, et les démarches à visée diagnostique ou thérapeutique ne sont pas confinés à des systèmes monoethniques fermés sur eux-mêmes. Ils empruntent des éléments aux systèmes voisins, en les remaniant ou non. Ils interviennent donc dans ces processus d'échange, bien que leur codification ne soit pas aussi aisée à déterminer que celle d'autres sujets d'échange tels que : la force de travail, les produits de chasse, de cueillette ou de culture, les différents objets commercialisés...

Il nous paraît par conséquent intéressant de resituer la nature, l'importance, la réciprocité de ces emprunts aux systèmes de pensée médicale voisins, d'analyser dans quelle mesure ces influences contribuent à accentuer l'inégalité des rapports entre les Pygmées et leurs "patrons" ou inversement à rééquilibrer ces relations par la crainte et le respect qu'inspirent aux villageois les connaissances Pygmées dans ces domaines.

La "maladie" dans ces systèmes populaires est une notion qui croise le sens accepté par la terminologie d'inspiration scientifique ; mais en aucun cas ces concepts ne peuvent se superposer.

Dans cette "encyclopédie aka", notre rôle est justement de donner une transcription aussi fidèle que possible de la signification des termes aka désignant d'après nos informateurs une maladie. Pour ce faire, nous utilisons des fragments des discours de malades ou de thérapeutes.

Nous empruntons volontairement une partie de la terminologie botanique ; par exemple :

diarrhée sp. désignera une sorte de diarrhée bien déterminée dans la terminologie aka en fonction de manifestations symptomatiques ou d'explications étiologiques, mais sans équivalent direct dans la séméiologie scientifique. Si nous en avons identifié précisément quelques formes nous les signalons entre parenthèses.

diarrhée (terme gén.) indique qu'il s'agit d'un terme recouvrant diverses diarrhées spécifiques.

Il ne s'agit donc surtout pas ici d'une démarche pseudo-positiviste, cherchant dans un système populaire à retrouver des éléments préscientifiques, ou à reconnaître des concepts pathogènes ou des réalités biologiques...

Une fois précisés ces concepts de santé et de maladie, et dégagées les classifications vernaculaires, c'est à partir de cette connaissance du système de pensée médicale aka qu'il est envisageable d'entreprendre des études d'épidémiologie (au sens large), ou d'éventuels essais de médecine préventive, voire d'éducation sanitaire.

ÉTUDES ETHNOLINGUISTIQUES ET HISTORIQUES

par Henri GUILLAUME

Choix du terrain

Le démarrage de nos travaux chez les Pygmées aka est dû à des circonstances essentiellement administratives. Ayant obtenu, en 1974, d'effectuer notre service militaire en tant que V.S.N. (Volontaire du Service National) à l'ORSTOM, ce n'est que quelques jours avant notre départ que nous avons eu connaissance de notre pays d'affectation, la République Centrafricaine, et de la population chez laquelle nous étions invité à travailler, les Pygmées Aka. Ayant des études en cours chez les groupes d'agro-pasteurs du Sahel, ce fut un changement subit et complet de terrain. Rien ne nous y avait préparé et ce n'est d'ailleurs qu'une fois sur place que nous avons entrepris des recherches bibliographiques, nos connaissances sur les Pygmées et l'Afrique Centrale étant jusque-là très limitées. Nous avions affaire à un environnement naturel bien entendu totalement nouveau, mais également à un milieu humain présentant de profondes différences par rapport à la population chez laquelle nous étions en train de travailler. Nous passions d'une société très hiérarchisée et régie par de véritables rapports de classes — celle des pasteurs nomades touaregs — à une société à tendance nettement égalitaire — celle des chasseurs-collecteurs pygmées —. Le passage de l'une à l'autre n'était pas sans embûches. Nous nous sommes aperçu rapidement que nos types de rapports avec les interlocuteurs mais aussi, de manière plus inconsciente, notre mode de raisonnement et le contenu même de certaines de nos questions étaient souvent conditionnés par la nature de notre premier terrain. Il fallut donc, durant une période d'adaptation, nous dégager de ces interférences pour aborder avec le maximum d'objectivité la nouvelle réalité à laquelle nous étions confronté.

Durant ce séjour, d'octobre 1974 à novembre 1975, notre zone de travail fut la région de Mongoumba. Située au confluent de la Lobaye et de l'Oubangui, limitrophe de la République Populaire du Congo, elle constitue l'extrême Nord-Est du pays aka. Son choix s'explique par les travaux qu'y menaient déjà des chercheurs du LACITO (L.P. 3-121 du C.N.R.S.) avec lequel l'ORSTOM est lié par une convention. Notre travail apporterait donc un éclairage supplémentaire à des recherches en cours. Cette contribution nous permettait de bénéficier de l'expérience des chercheurs avec lesquels nous étions dorénavant en contact mais nous avions également la chance d'être inséré dans une équipe dont le caractère pluridisciplinaire est allé en s'accentuant.

Du point de vue du milieu naturel, la région de Mongoumba présente la particularité de posséder un arrière-pays de forêt aux sols très humides. Ce type de forêt est surtout répandu dans le Nord-Congo alors qu'en territoire centrafricain prévalent davantage les forêts aux sols fermes et secs. Du point de vue du milieu humain, son originalité réside dans son caractère de véritable mosaïque ethnique et linguistique. Les Pygmées y sont en effet en contact avec diverses populations oubanguiennes et bantoues, ce qui est intéressant lorsqu'on sait que la nature du contact présente des variations selon les ethnies de Grands Noirs impliquées.

Pendant ce séjour, nous avons principalement travaillé, en collaboration avec J.M. DELOBEAU, sur ce phénomène d'hétérogénéité culturelle régionale, ceci dans le cadre de l'élaboration d'Atlas sociolinguistiques (une étude comparable bien que moins approfondie a également été conduite chez les populations riveraines de l'Oubangui dans la zone de Kouango). Cette étude nous a permis de définir le cadre humain dans lequel a pris place ensuite notre travail en milieu spécifiquement pygmée. Ce n'est qu'au cours d'un second séjour, de mars 1978 à octobre 1979, en tant que Chargé de Recherche Stagiaire de l'ORSTOM, que nous avons véritablement développé nos recherches chez les Aka. Dans le premier temps, Mongoumba a été à nouveau notre zone de travail, puis, dans un second temps, nous avons étendu nos enquêtes à d'autres lieux de la Lobaye et de manière plus succincte, au reste de la frange forestière centrafricaine et à certaines régions du Nord-Congo.

Thème de la recherche

Notre travail consiste en l'analyse du système économique et social des Pygmées aka. Il s'agit de définir et d'expliquer la nature des pratiques matérielles et symboliques des chasseurs-collecteurs aka dans l'écosystème forestier équatorial et des rapports sociaux à travers lesquels s'effectue cette action.

Notre approche, intégrant les résultats des recherches entreprises par les autres membres de l'équipe et les complétant géographiquement et thématiquement, comporte l'investigation des domaines suivants :

- le milieu technique, c'est-à-dire les capacités d'intervention concrète sur la Nature.
- l'organisation des diverses activités, c'est-à-dire la manière dont les techniques sont, sur une année ou sur un cycle plus long, socialement mises en oeuvre.
- l'accès aux ressources naturelles et aux moyens de production ainsi qu'aux résultats de la production.
- les pratiques rituelles, en tant qu'élément d'intervention sur la Nature et composante des rapports entre les hommes.

Pour comprendre le type de combinaison de ces divers éléments, il est bien entendu nécessaire de s'appuyer sur les données émanant notamment des recherches écologiques et ethnoécologiques. C'est pourquoi les thèmes retenus dans cette étude nous paraissent étroitement complémentaires de ceux abordés par S. BAHUCHET (l'analyse des contraintes écologiques par exemple), complémentarité envisagée dans la perspective définie par M. GODELIER lorsqu'il écrit à propos des sociétés de chasseurs-collecteurs :

> "Nous ne voyons pas apparaître *un* "déterminisme" écologique, mais *des* déterminations écologiques qui *n'*agissent sur la société *que conjuguées* aux déterminations des capacités productives dont disposent ces sociétés. Quand nous parlons de "contraintes" matérielles nous entendons donc les *effets conjugués, hiérarchisés et simultanés de données de la nature et de données de la cultu-*

re, leur produit combiné"[1].

L'organisation économique et sociale des Pygmées aka sera mise en parallèle avec celle des Pygmées mbuti du Zaïre pour lesquels les données se multiplient ces dernières années. Nous essayerons de mettre en évidence et d'expliquer les variations et les similitudes présentées par ces deux importants groupes pygmées, ceci afin de contribuer à la recherche d'éléments qui, au-delà de structures communes (nomadisme, limites des effectifs des unités de production, coopération marquée...), différencieraient le mode de subsistance pygmée des modes de subsistance d'autres populations de chasseurs-collecteurs.

Le thème de la recherche, tel qu'il vient d'être présenté, correspond à l'optique retenue avant notre travail de terrain. Ses limites, c'est-à-dire l'étude de la société aka en tant qu'unité autonome, sont conditionnées par une vision traditionnellement réductrice des sociétés de chasseurs-collecteurs, vision encore souvent répandue pour les Pygmées qui mèneraient, confinés à l'abri de leur forêt, une vie d'auto-subsistance. Or, il est vite apparu sur le terrain que les Pygmées aka (il en est de même, semble-t-il, avec plus ou moins d'intensité, pour l'ensemble des groupes pygmées d'Afrique Centrale) connaissent aujourd'hui un mode de vie largement déterminé par l'extérieur.

A l'image de ce que certains auteurs ont fait pour des chasseurs-collecteurs d'Inde et d'Asie du Sud-Est, il nous fallait intégrer cette variable que sont les relations qu'entretiennent, pour le moins depuis plusieurs siècles, les Aka avec des populations d'agriculteurs (perspective également retenue par L. DEMESSE)[2]. La prise en compte de ces contacts est indispensable pour conduire l'étude non seulement de la société aka mais également de l'écosystème forestier dans son ensemble. Nous avons donc posé le problème de la nature, de la forme, de l'évolution de ces contacts et de leur impact, à différents niveaux, sur le mode de subsistance pygmée.

Méthodologie de l'enquête

C'est à partir du Centre ORSTOM de Bangui, où nous résidions, que nous avons effectué tout au long de nos deux séjours, plusieurs missions d'une durée d'environ deux à six semaines chacune.

---

[1] GODELIER (M.) - 1978, L'appropriation de la Nature. Territoire et propriété dans quelques formes de sociétés précapitalistes, (Paris) *La pensée* 198, (Avril 1978) pp. 7-50.

[2] DEMESSE (L.) - 1978, *Changements techno-économiques et sociaux chez les Pygmées Babinga (Nord-Congo et Sud-Centrafrique)*, Paris, SELAF (TO 26, Etudes Pygmées II), 262 p. + 34 p. + 34 dépl. h-t.

Le recueil des informations repose sur trois sources :

- les observations et les conversations intervenues au fil de la vie quotidienne dans les campements;
- les textes de types divers (contes, chants, autobiographies, récits descriptifs d'activités...) enregistrés au magnétophone;
- les documents d'archives.

La plupart des matériaux a été recueillie grâce au concours précieux de deux assistants-enquêteurs, Charlemagne BAMANIA (en 1975) et Paul Adeline KOSSI AKOYA-NZANGA (en 1978-79)[3]. Tous deux nous ont fait bénéficier de leurs compétences, tant du point de vue de la traduction que de la transcription des informations, en partageant rapidement avec nous l'intérêt présenté par ces enquêtes et en acceptant des conditions de terrain souvent rudes. Il en a été de même avec Pascal SOBELE, l'assistant de S. BAHUCHET. Nous avons travaillé avec lui en 1979, lors d'enquêtes complémentaires menées dans la région de Bagandou, sa terre natale, et lors d'une mission commune avec S. BAHUCHET, le long de la lisière forestière centrafricaine.

Ce travail a aussi été grandement facilité par l'accueil des autorités centrafricaines et de la Mission Catholique de Mongoumba qui ont toujours su nous apporter des aides précieuses. Qu'elles trouvent ici le témoignage de notre profonde reconnaissance.

Lors de notre premier séjour en 1975, nous avons commencé par des enquêtes extensives dans le cadre de l'élaboration des Atlas sociolinguistiques. Ces enquêtes, à caractère démographique, linguistique et ethnologique, ont porté sur la totalité des villages de la sous-préfecture de Mongoumba. (environ 5000 personnes) et sur seize campements pygmées (environ 380 personnes) localisés entre la ville de Mongoumba et la rivière Gouga qui délimite la frontière entre la R.C.A. et la République Populaire du Congo. En ce qui concerne les Pygmées, à travers le recueil de diverses données (taille, composition, organisation spatiale des campements, type d'habitat, état linguistique, principales activités économiques), ce travail nous a permis d'avoir une première vision d'ensemble de leur situation régionale et de cerner des critères pour le choix des campements dans lesquels nous entreprendrions par la suite des enquêtes intensives.

Il est apparu, d'une part, qu'il existait dans le processus d'évolution que connaissent les Aka des états intermédiaires entre le nomadisme lié à la chasse-collecte et la sédentarisation avec passage à l'agriculture et, d'autre part, que ces états étaient en partie déter-

[3] Assistants - enquêteurs, formés et employés par le LACITO, pour l'étude respectivement du mbati et du gbanzili.

minés par la variabilité des rapports entre Aka et Grands Noirs selon l'identité ethnique de ces derniers. Nous avons donc retenu des campements liés à diverses ethnies et représentatifs des transformations du mode de vie traditionnel. Il s'agit des campements dont les aînés sont respectivement : Kunduago, Mombanga, Ewato, Balomba et Mbonzo. Selon le degré d'acculturation et en fonction de certaines activités saisonnières, ces campements quittent, pour des périodes plus ou moins longues, le voisinage des villages afin de nomadiser dans le sous-bois forestier. Nous les avons donc suivis dans leurs déplacements et il est intéressant de mentionner, pour rendre compte des conditions de déroulement de l'enquête, l'ambiance totalement différente qui règne dans un même campement lorsqu'il se trouve en forêt ou à proximité d'un village. Dans le premier cas, la quiétude domine tandis que dans le second la tension est fréquente, provoquée par les incursions incessantes des "maîtres" villageois, généralement demandeurs de corvées et toujours prêts à répondre à nos questions à la place de leurs dépendants. On peut noter également, pour décrire l'atmosphère dans laquelle ont débuté ces enquêtes, que les Aka ont d'abord adopté à notre égard le même comportement qu'ils affichent envers les Grands Noirs. Face à notre présence et à notre curiosité, ils ont montré une souplesse et une résignation qui ne sont qu'apparentes, le moyen du refus étant la rupture du contact, l'abandon du lieu de résidence (ce qui n'exclut pas les violences avec les Grands Noirs). Puis cette soumission, toute relative, s'est progressivement transformée en collaboration spontanée (non dénuée bien sûr d'une patience et d'une bienveillance dont je sais gré à mes hôtes, notamment au campement de Balomba qui m'a fait longuement partager sa vie forestière en 1978 - 79). Les Aka appréciaient l'intérêt manifesté pour leur culture considérée comme pur produit de la Sauvagerie par les autres populations, tant dans le passé qu'aujourd'hui dans le cadre des sociétés nationales.

C'est dans ce contexte que nous avons entrepris des enquêtes sur les techniques, la nature des unités sociales, les activités économiques et les rapports avec les Grands Noirs. Parallèlement, nous nous sommes familiarisé avec la langue en collectant des récits de littérature orale, aidé en cela par une mission commune effectuée avec J.M.C. THOMAS. C'est aussi au cours de cette mission qu'ont été réalisés avec B. SURUGUE et MORICE divers enregistrements sonores, un film 16 mm couleur et des films vidéoscopiques.

Durant notre second séjour en 1978-79, nous avons poursuivi et développé les enquêtes intensives sur le thème de recherche défini plus haut. Ces nouvelles enquêtes ont été conduites dans un cadre humain et géographique élargi.

Dès la reprise des travaux de terrain, en 1978, dans la région de Mongoumba, nous avons travaillé en milieu pygmée avec principalement les campements de Mbonzo, Balomba, Gabu et Samande, mais également en milieu "Grands Noirs", condition nécessaire pour saisir exhaustivement l'articulation des sociétés en présence. En outre, c'est parmi les Grands Noirs que nous avons recueilli des informations sur les périodes précoloniale et coloniale, les Pygmées n'ayant généralement été touchés qu'indirectement (c'est-à-dire par l'intermédiaire de leurs "maîtres") par la pénétration et l'implantation européenne et ne présentant, de surcroît, qu'une inscription limitée des faits et des individus dans le temps. L'érosion du passé est en effet favorisée par les principes mêmes de leur organisation sociale (fluidité des bandes, ouverture des groupes de parenté...). Nos principaux informateurs Grands Noirs ont été Simon BANGOBASILA et Joseph MOGADIMA à Mongoumba, Antoine GAVOAMA, Ernest KUASAKO et François ZIDO à Loko, Michel GBAPA, Hilaire KONDONDO et François MOSABA à Bagandou (tous ngando).

En 1979, nos travaux de terrain, précédemment limités à Mongoumba, ont été étendus à d'autres régions de la Lobaye et du reste du pays aka :

- *zones de Loko et Bagandou (en Lobaye) :*

Il s'agissait de mener des études comparatives et d'analyser plus finement certains phénomènes (économie avec maintien d'importantes activités cynégétiques, système de transmission des Pygmées dans les clans "Grands Noirs"...) difficilement observables dans la région de Mongoumba en raison de facteurs qui lui sont spécifiques (transformations particulièrement rapides ces dernières années sous l'impulsion des autorités gouvernementales, peuplement relativement récent...).

- *zones comprises entre la Lobaye et la Sangha :*

C'est au cours d'une mission commune avec S. BAHUCHET (mai-juin 1979) que nous avons parcouru ces zones. L'objectif était de délimiter l'aire d'extension du peuplement aka, d'élucider l'opposition traditionnellement faite entre Ba. Aka et Ba.Mbènzèlè. S. BAHUCHET établit une première comparaison, au niveau lexical, entre la langue parlée par les Pygmées de la Lobaye et par ceux des régions ci-dessus mentionnées, pendant que nous effectuions des enquêtes sur les thèmes suivants : l'organisation économique et sociale aka (groupes de parenté, formes de pouvoir, rituels), les peuplements régionaux, les rapports Aka-Grands Noirs et la situation contemporaine des Pygmées, l'histoire du commerce colonial et ses conséquences pour les diverses populations.

- *zones d'Impfondo et Ouesso (Nord Congo) :*

L'extension du travail en République Populaire du Congo (mission du 19 août au 3 octobre 1979) avait un double but : effectuer les mêmes enquêtes que dans les zones comprises entre la Lobaye et la Sangha et dépouiller des archives de l'administration coloniale française.

Résultats obtenus

Les résultats portent sur trois domaines principaux :

- la situation ethnique et linguistique de la région de Mongoumba,
- l'organisation économique et sociale aka,
- les rapports entre Aka et Grands Noirs et l'évolution du mode de vie aka.

a) *La situation ethnique et linguistique de la région de Mongoumba*

Nous avons une vision d'ensemble, pour notre principale zone de travail, de l'environnement humain des Aka et de leur position dans cet environnement.

Au cours d'un recensement exhaustif de la population (excepté pour les Pygmées), nous avons recueilli pour chaque individu, les données suivantes (DELOBEAU et GUILLAUME, 1979)

. démographiques : nom, ethnie, sexe, âge approximatif, lieu de naissance,

. linguistiques : première langue, langues parlées, langues comprises sans être parlées; pour le français : acquisition par voie de scolarisation (niveau scolaire) ou hors école.

. ethnologiques : liens de parenté dans l'unité d'habitation et entre unités, déplacements effectués au cours de l'existence, organisation spatiale à l'intérieur de l'habitat, matériaux de construction, activités de production, plantes cultivées, nourriture de base.

Pour des raisons matérielles, le dernier type de données (ethnologiques) n'a pu être recueilli dans les agglomérations situées au Nord de la Lobaye ni dans plusieurs quartiers de la ville de Mongoumba.

Néanmoins, nous disposons de l'état quantitatif et de la distribution géographique des langues et des ethnies dans la région. L'étude de l'histoire du peuplement et diverses enquêtes ethnologiques ont permis l'interprétation qualitative de ces données, c'est-à-dire l'analyse de la nature des contacts ethniques et des solutions adoptées pour leur communication par les diverses populations. La région constitue un cas particulièrement remarquable de pluri-ethnisme et de contacts linguistiques multiples entre oubanguiens et entre Bantous et Oubanguiens. Parmi cet ensemble de contacts, la communication entre les Aka et les autres ethnies présente des traits originaux et révèle un phénomène récurrent aux relations des Pygmées d'Afrique Centrale en général avec les autres populations. Il s'agit du fait de privilégier pour la communication inter-ethnique les parlers de ces dernières, solution qui est une des facettes de l'état de domination que vivent les Pygmées à l'égard de leurs voisins.

Cette étude est accompagnée de figures, de cartes et de remarques méthodologiques à propos de la réalisation des atlas linguistiques et socio-linguistiques.

b) *L'organisation économique et sociale aka*

Les données, actuellement en cours d'analyse, concernent :

- *le milieu technique :*
  Nous avons étudié l'utilisation des divers objets possédés par les Aka (outils, armes...). Parmi ces biens, les lames de fer, les poteries et le filet de chasse ont été introduits par les Grands Noirs qui ont conservé le monopole de la production des deux premiers. Nous avons analysé les conséquences, tant sur le plan technique que social, de leur insertion dans la culture matérielle aka.
- *l'organisation sociale du travail :*
  Nous avons étudié la place des sexes et des générations, les niveaux de coopération dans les diverses activités : chasse, collecte, pêche, artisanat, troc... Nous avons tenu compte, notamment pour les activités d'acquisition, des contraintes du milieu technique et du milieu naturel, afin de comprendre la forme et les moments d'intervention des différents procès de travail.
- *la nature des groupes sociaux et les rapports de parenté :*
  Nous avons défini l'identité et l'articulation de trois niveaux fondamentaux : le campement, la bande, le groupe de descendance patrilinéaire. Nous avons recueilli la terminologie de parenté ainsi que de nombreuses généalogies pour l'étude des alliances matrimoniales (rapports entre groupes de parenté, modalités du mariage, mode de résidence...).
- *le mode d'accès aux ressources naturelles, aux moyens de production et aux résultats de la production :*
  Nous avons étudié en quoi consistait un "territoire", quelles étaient les unités de production qui le parcouraient, leurs droits respectifs sur ses ressources et comment elles les exploitaient. Nous avons également étudié le mode d'appropriation des outils et des armes de chasse ainsi que les sphères de redistribution des produits issus de la chasse et de la collecte.
- *les formes du pouvoir et les pratiques rituelles :*
  Nous nous sommes attaché à circonscrire, dans cette société où n'existe pas de pouvoir généralisé et où l'inégalité sociale est faible, certaines fonctions dont l'actualisation est limitée à des champs spécifiques. Ces fonctions sont celles de l'aîné du groupe agnatique, du maître de la grande chasse et du devin-guérisseur. Leurs pouvoirs étant étroitement associés aux possibilités de contacts avec le monde surnaturel, nous avons étudié, parallèlement à divers rituels (intervenant de manière quasi-systématique lors des chasses notamment), les pratiques cérémonielles dont sont responsables les trois personnages ci-dessus mentionnés.

c) *Les rapports entre Aka et Grands Noirs et l'évolution du mode de vie traditionnel*

Les rapports que les Aka entretiennent depuis longtemps avec d'autres populations doivent être pris en compte pour comprendre l'identité de leur mode de vie traditionnel et, bien entendu, leur situation contemporaine.

Quelques travaux d'archéologie et de linguistique incitent à redéfinir le champ d'analyse de la société pygmée qu'il n'est donc plus possible de penser confinée dans son cocon forestier.

Les Aka, dont l'aire d'extension a pu être délimitée (toute la forêt centrafricaine de l'Oubangui à la Sangha et, au sud, jusqu'au confluent Congo-Oubangui), sont actuellement en contact avec une vingtaine d'ethnies bantoues et oubanguiennes.

Nos propres travaux ont porté sur la nature des liens traditionnels entre les Aka et leurs voisins. Nous avons cherché à définir le contenu réel des rapports (leur détermination, le niveau des groupes sociaux auxquels ils interviennent, leur mode de reproduction, leur impact sur la société pygmée...) ainsi que les représentations qui en sont données, dans certaines traditions orales, par les deux parties. Puis nous avons étudié l'évolution de ces rapports, et par là-même celle du système de chasse-collecte, avec la pénétration du commerce de traite, puis le développement de l'implantation coloniale française (pour cela, nous avons dépouillé de nombreuses archives en République Centrafricaine mais surtout en République Populaire du Congo et en France) et enfin les politiques menées par les Etats contemporains.

Il apparaît que si les rapports entre Aka et Grands Noirs ont reposé durant longtemps sur une réciprocité équilibrée de services et n'ont pas constitué une articulation conditionnant la reproduction de l'une ou des deux parties, ils ont ensuite évolué au détriment des Aka et les sociétés en présence sont devenues étroitement interdépendantes. Le processus de déstructuration de l'économie de chasse-collecte présente quelques variations, selon notamment l'identité et la situation des ethnies avec lesquelles les Aka sont en contact, mais la tendance générale est à l'intégration de ces derniers dans l'économie des Grands Noirs et à leur insertion dans les sociétés nationales par le niveau le plus bas.

APPROCHES ETHNOBOTANIQUE ET ETHNOPHARMACOLOGIQUE
par Élisabeth Motte

Comment rester indifférent devant le gommage culturel auquel procède de façon rapide et irrévocable la civilisation occidentale?

Du sentiment d'impuissance qu'engendre l'ampleur et la rapidité de ce phénomène, naît le désir de recueillir avant leur disparition complète les héritages traditionnels de ces civilisations en voie d'extinction ou pour le moins en voie de modification profonde.

L'un des buts que je me suis fixés en tant qu'ethnobotaniste est de recueillir le savoir de ces populations pour tout ce qui touche au "monde du végétal", donnant ainsi à mes formations de pharmacienne et de botaniste une signification nouvelle. En effet, interdisciplinaire, l'ethnobotanique demande des connaissances dans des domaines aussi variés que la botanique, l'écologie, la pharmacologie, la linguistique, l'ethnologie et l'ethnographie, l'histoire... Du moins, une telle variété laisse-t'elle au chercheur l'agréable possibilité de vagabonder en toute liberté dans un champ d'investigation très vaste.

La mission dont les résultats figurent dans ce dictionnaire étant une première mission, je me devais, dans un premier temps, de limiter mon étude à du matériel concret et en principe neutre, travail de base sans lequel toute hypothèse se révèle hasardeuse. En conséquence, mes efforts ont plus particulièrement porté sur un travail de collecte de tout ce qui, relevant de l'observation directe présentait quelque rapport avec les végétaux; respectant ainsi une chronologie à la fois logique et stratégique, mais sans pour autant rejeter définitivement les sujets qui se prêtent à une interprétation subjective. Au départ, la récolte a concerné essentiellement les plantes qui sont — ou ont été — recherchées pour leur emploi dans l'alimentation, la technologie, l'esthétique, la thérapeutique, etc.

Commencer par relever ce matériau directement accessible à l'observation qu'est la plante, présente l'avantage — puisque le végétal occupe une place privilégiée dans la vie de l'homme — d'accéder progressivement à la connaissance des divers aspects du mode de vie et des divers centres d'intérêt de la société étudiée.

Interprétations, spéculations, travail relevant de la symbolique ou de la mystique requièrent une connaissance profonde de la population étudiée et de sa mentalité, de même qu'une certaine habileté d'observation. Aussi, ce n'est qu'en fin de séjour et en possession de certaines données, qu'il m'a été possible d'essayer de saisir la perception locale du monde végétal, de l'anatomie et de la pathologie et, partant, des rapports de l'individu avec le monde surnaturel.

Milieu

Toutes mes informations ont été recueillies au cours d'une mission effectuée avec le concours du Centre National de la Recherche Scientifique, de juillet à décembre 1976, en République Centrafricaine, dans la région de la Lobaye au sud de Mongoumba, à environ 3°35' de latitude Nord et 18°38' de longitude Est.

Au départ, l'objet de cette enquête devait être une étude monographique de l'ethnobotanique des Monzombo, population de pêcheurs-cultivateurs installée, en partie, dans la région de Mougoumba. Cependant, une nouvelle orientation a rapidement été donnée à ce travail après mon arrivée sur le terrain, le faisant évoluer vers une étude ethnobotanique comparative entre deux ethnies : les Monzombo et les Pygmées Aka qui, dans cette région, leur sont assujettis. Plusieurs raisons à ce changement dont une, matérielle, tenant à un problème d'informateurs; mais ce sont également les relations constantes entretenues entre ces deux populations et les échanges de matériel végétal qui se font de façon permanente qui ont été à l'origine de cette modification.

Deux questions essentielles ont été les clefs de voûte de cette étude :

> Les Pygmées aka (chasseurs-cueilleurs inféodés depuis toujours à la forêt et en équilibre profond avec ce milieu) et les Monzombo (pêcheurs-cultivateurs, "nouveaux venus" considérant la forêt comme un milieu hostile et essayant de lui substituer un environnement végétal domestique) forment deux populations fondamentalement différentes dans leur mode de vie. Comment ces deux populations évoluent-elles dans un écosystème identique et comment tirent-elles profit de tout le matériel végétal que la nature met à leur disposition?
>
> Ces deux populations sont en train de se transformer sous l'impact de la civilisation occidentale. Comment réagissent-elles? La région située entre Mongoumba et Gouga est particulièrement intéressante à ce point de vue, surtout en ce qui concerne les Pygmées aka. Semi-sédentarisés et très "Monzombo-dépendants" à Mongoumba, on les retrouve au sud de Gouga avec une forme de vie encore préservée. Entre ces deux zones, un gradient de sédentarisation avec comme corollaires l'acculturation et la subordination, permet d'observer les différents stades qui marquent cette mutation des "maîtres de la forêt" en "mendiants de l'équateur".

Dans la région qu'occupent ces deux populations, les cours d'eau forment un réseau hydrographique très serré. Les dénivellations de terrain peu importantes en font une zone à marigots et à bas-fonds marécageux aux pentes d'accès presque insensibles, largement inondée lors de la grande saison des pluies. Il est à noter que dans cette portion riveraine de l'Oubangui, au climat guinéen forestier, les précipitations sont moins fortes que dans certaines zones voisines de la Lobaye dont l'altitude est légèrement supérieure.

Réseau hydrographique abondant d'une part, climat à forte et peu fluctuante humidité relative et bonne répartition des pluies d'autre part, ont une incidence directe sur les sols et, par voie de conséquence, sur la végétation. La presque totalité des surfaces est couverte soit par des sols de type hydromorphique, soit par des sols ferrallitiques à séquence latéritique normale (sols ocres et sols beiges) puisque le processus de ferrallitisation est — comme celui de savanisation — très réduit. Seule la matière organique concentrée dans la couche superficielle de ces sols est utilisable par la forêt qui se développe ainsi en circuit fermé.

La végétation naturelle de toute cette région était à l'origine une forêt primaire dense, humide, semi-caducifoliée, caractérisée par un étage supérieur formé d'arbres à larges feuilles caduques comme les *Entandrophragma*, une strate arborescente moyenne à majorité d'arbres à feuilles persistantes et un étage inférieur toujours vert. Actuellement, ce type de forêt primaire n'est plus que résiduel et devient de plus en plus rare. Sur l'aire d'enquête, seuls quelques îlots persistent au sud de Gouga, en retrait de la berge de l'Oubangui.

Autour des villages se développent des zones de forêt secondaire avec des essences à croissance rapide (*Myrianthus arboreus*, *Musanga cecropioides*, etc.) et un sous-bois important. Ces forêts constituent, après le défrichement, la première étape vers la reconstitution de la forêt initiale.

Mais le type de forêt le plus fréquemment rencontré entre Ikoumba et Gouga est un intermédiaire entre les forêts primaire et secondaire types. Il s'agit de forêts secondaires vieillies où la plupart des essences sont semi-dures ou tendres (*Pycnanthus angolensis*, *Ricinodendron heudelotii*, *Triplochiton scleroxylon*, etc.). L'étage dominant, constitué par les espèces de demi-lumière, forme un écran permettant aux essences d'ombre de reconquérir le terrain. Il s'agit donc d'une région qui semble avoir été largement défrichée à une époque assez ancienne.

Une végétation particulière s'installe sur les berges et les bas-fonds marécageux fréquemment soumis à un engorgement superficiel. Certains genres et espèces dont *Uapaca*, *Santiria trimera*, *Alstonia congensis*, *Xylopia aethiopica*, etc. en sont caractéristiques.

Enfin, certaines des plantes récoltées, comme *Hymenocardia*, *Annona*, *Terminalia*, sont des plantes de savane dont l'apparition aux abords des villages monzombo est liée à la pratique de l'essartage, système auquel l'introduction de la notion de plantation de rapport ainsi qu'une certaine augmentation de la population sédentarisée pratiquant l'agriculture, ont fait prendre une rapide extension. L'équilibre de régénération de la forêt s'en trouve perturbé et le seuil dépassé.

Informateurs et méthodes

C'est après avoir connu quelques déboires avec leurs "patrons" que j'ai eu la possibilité de travailler avec les Pygmées aka. Comment, alors, ne pas être conquise par la gentillesse gratuite et permanente de ces derniers, par leur inlassable bonne humeur, par la patience et la bonne volonté avec lesquelles ils ont toujours répondu aux questions incessantes dont je les assaillais et qui pouvaient parfois leur paraître saugrenues? De plus, leur agilité prodigieuse constitue un atout précieux quand il s'agit de faire des récoltes botaniques en forêt dense.

Chez les Pygmées Aka, deux informateurs de référence m'ont accompagnée tout au long de mon séjour. Il s'agissait de deux devins-guérisseurs d'une trentaine d'années, vivant près d'Ikoumba : Maurice DUMOÑAKO et Antoine BOZOKO, et jouissant, surtout le premier, d'une excellente réputation tant auprès des Pygmées aka que des Monzombo. De tels informateurs présentaient l'avantage de cumuler à la fois le savoir très particulier des thérapeutes et la connaissance du monde végétal commune à tous les Pygmées. Toutefois, je dois reconnaître que ce n'est qu'au cours des dernières semaines que ces informateurs m'ont permis d'accéder à certains "secrets".

Nombreux ont été les informateurs occasionnels — hommes et femmes, car en raison d'une répartition des tâches en fonction des sexes, leurs connaissances ne couvrent pas toujours les mêmes domaines — vivant entre Ikoumba et le sud de Gouga qui nous ont accompagnée lors des récoltes ou ont participé aux enquêtes. Il s'avère souvent pour cette forme de travail en groupe, que la recherche d'un renseignement bien précis donne lieu à des digressions du plus grand intérêt.

Le handicap majeur rencontré lors de mon travail a été un problème de communication. Ne connaissant de la langue aka que sa transcription, la seule forme d'échange possible nécessitait la présence d'un traducteur. Ce traducteur, monzombo, avait appris le français au cours de ses études secondaires. Dans cette situation à la fois interlinguistique et interculturelle, plusieurs barrières devaient être franchies, rendant les contacts moins rapides et moins sûrs. Ici, encore, le support d'un matériel tangible présentait un énorme avantage, en atténuant la distorsion sémantique qu'implique la traduction du renseignement recueilli.

La méthodologie adoptée a été déterminée par le sujet d'étude, le milieu, les informateurs.

Des récoltes ont été effectuées de façon systématique dans tous les écosystèmes rencontrés afin de faire un inventaire des végétaux connus, aussi complet que possible. Participer soi-même aux récoltes est une précaution nécessaire pour se garantir de certaines erreurs d'information. C'est ce que j'ai fait, sans toutefois intervenir dans le choix des plantes récoltées, préférant laisser cette initiative aux informateurs.

Tous les renseignements concernant l'écologie de la station et la forme biologique du végétal (forme observée et forme connue des informateurs), la description détaillée des caractéristiques morphologiques de la plante, les noms verculaires, les utilisations et/ou connaissances particulières (notées de façon très succincte) étaient consignés sur le lieu même de la récolte. Pour un même spécimen, plusieurs échantillons étaient prélevés et aussitôt mis sous presse.

De retour, au campement, chaque échantillon était soumis à une première vérification consistant en une nouvelle notation (sans référence à celle du "terrain") des noms vernaculaires et utilisations, celles-ci faisant l'objet d'une description détaillée. Disposés dans leur présentation d'herbier, les échantillons étaient alors conservés sous presse, dans l'alcool à brûler, seul procédé satisfaisant pour les récoltes importantes effectuées en zone équatoriale humide au cours de la saison des pluies, puisqu'il permet d'attendre les conditions requises pour un séchage rapide et efficace.

Enfin, j'ai effectué de fréquentes enquêtes dans l'intention de procéder à de nombreux et indispensables recoupements. Dans ces questionnaires, le quotidien a été envisagé sous ses différents aspects afin d'essayer de répertorier le nom de toutes les plantes utilisées dans les divers domaines de la vie, ainsi que leur mode d'utilisation. A cette occasion ont été retranscrits de très nombreux termes en langue vernaculaire concernant les objets, parties d'objets, actions, événements, maladie, etc.

D'autres fois, des planches photographiques de végétaux ont servi de *stimuli* mnémoniques en rappelant aux informateurs des espèces oubliées lors des enquêtes précédentes. Au cours de ces dernières, quelques informations dépassant les limites prévues de l'aire de recherche n'ont pas été négligées, leur congruence avec le travail entrepris pouvant se révéler *a posteriori*.

La recherche d'échantillons pour chacune des plantes citées a donné lieu à de nouvelles récoltes. La confrontation des résultats ainsi obtenus avec ceux des collectes systématiques a permis de réaliser de nombreuses vérifications.

Résultats

Les résultats de cette mission ont fait l'objet d'une thèse de Botanique tropicale-Ethnobotanique (Université Pierre et Marie CURIE-PARIS VI, 1978).

Un travail préliminaire de détermination des 720 spécimens d'herbier et des 50 champignons recueillis a permis d'établir la correspondance entre nom vernaculaire et nom scientifique. A ce propos, il est nécessaire de souligner qu'un même nom aka recouvre parfois plusieurs espèces scientifiquement distinctes. Si dans certains cas cette identité de nom provient d'une confusion liée à des morphologies similaires, elle peut quelquefois être voulue. Le nom évoque alors une notion de constance dans l'utilisation du végétal ou dans son aspect. Dans ce cas, les Aka sont capables de préciser le nombre d'espèces qui portent cette dénomination.

L'appellation des végétaux, suivant un processus non scientifique fréquent et universel peut faire référence à un trait morphologique ou écologique caractéristique de la plante, à son origine connue ou supposée, à la relation qui a été établie entre cette plante et un animal ou un être surnaturel, etc. De même, il n'est pas rare que, pour des plantes pourtant bien connues, un bref énoncé de l'utilisation principale tienne lieu de nom.

Enfin, il ne faut pas oublier de mentionner qu'une plante peut porter des noms différents suivant l'époque de sa cueillette et/ou l'utilisation à laquelle elle est destinée.

Le vocabulaire botanique relevé concerne les types de végétation, les catégories de végétaux, la morphologie végétale (différentes parties et formes des organes végétatifs et reproducteurs des plantes, champignons et fougères). Plusieurs des termes utilisés font référence à l'anatomie humaine ou à la technologie (objet usuels ou parties d'objets), mais ceci n'a rien de systématique.

L'étude de l'utilisation des plantes par cette ethnie de chasseurs-cueilleurs vient corroborer la thèse selon laquelle les Pygmées constituent l'exemple type d'une population dont l'adaptation à l'environnement naturel est maximale. Une connaissance parfaite de toutes les composantes biocénotiques de leur écosystème leur permet de survivre dans cette forêt inondée, milieu considéré comme particulièrement hostile par les autres populations africaines. Capables d'établir une adéquation exacte entre la matière première choisie et l'utilisation à laquelle elle est destinée, ils peuvent en permanence tirer parti de ce que leur offre la nature.

Pourvoir à leurs besoins n'implique jamais une modification profonde du milieu naturel puisque c'est par un procédé de simple cueillette qu'ils prélèvent ce qui leur est nécessaire. Si ce système, conservateur tant pour la végétation que pour ceux qui le pratiquent, permet de profiter de plantes, variées, assez abondantes et réparties à peu près régulièrement tout au long de l'année, il reste malgré tout d'un rapport faible et les produits acquis sont de qualité médiocre.

Les récoltes se font dans les différentes associations végétales de la zone forestière et occasionnellement au campement où par protoculture est recréé un fouillis végétal semblable à la sylve environnante mais constitué d'un cortège de plantes ubiquistes ou androphiles à valeur essentiellement alimentaire.

La variété des espèces végétales choisies et des organes récoltés joue en faveur d'un certain équilibre alimentaire. Un plat principal à base de tubercules (ou de rhizomes), masse quotidienne d'hydrates de carbone, est complété par l'apport cellulosique des feuilles qui n'ont, le plus souvent qu'un rôle d'accompagnement. Les fruits frais pourvoient en grande partie aux besoins en vitamines.

Les protéines, essentiellement d'origine animale (viande, poissons, insectes), figurent très irrégulièrement aux repas. Il est intéressant de noter à ce propos que, chez les Pygmées aka, les interdits alimentaires frappent ces produits et non ceux d'origine végétale.

L'attention des Pygmées n'est pas canalisée uniquement vers les nombreuses plantes dont la consommation est immédiate. Ils portent un intérêt aussi grand aux plantes liées de façon significative à d'autres sources de subsistance. C'est le cas par exemple des "arbres à chenilles" et de ceux ayant un rapport avec la récolte du miel (floraison à cette époque, fleurs influant sur la couleur du miel, etc.).

Plus complexes que la simple cueillette, d'autres procédés d'acquisition de la nourriture comme la chasse — et occasionnellement la pêche — exigent non seulement une excellente connaissance des propriétés technologiques du matériau végétal, mais surtout une initiation aux types de relations qui conditionnent les rapports entre monde animal et monde végétal. Ainsi, un savoir éthologique est indispensable pour effectuer un juste choix des plantes-appâts. De même, la pratique des plantes-poisons (pour les flèches ou la pêche) ne peut se concevoir sans une parfaite connaissance de leurs effets sur les animaux et les hommes (effet direct et effet indirect au niveau de la chaîne alimentaire). Enfin, ce sont des considérations purement techniques qui déterminent le choix du matériau (presque toujours végétal) entrant dans la fabrication des divers moyens mis en oeuvre pour attirer et tuer l'animal (pièges, filets, armes, etc.).

A propos de technique, il n'est pas inutile, malgré le peu d'attrait que suscite toute énumération, de répertorier rapidement l'ensemble des objets ou occasions qui font appel au milieu végétal. En effet, utilisées de façon permanente, les plantes occupent une place privilégiée parmi les matériaux de base auxquels les Pygmées aka ont recours pour l'ensemble des techniques, qu'il s'agisse de construction (armature et couverture de la hutte), de confection du mobilier, au demeurant très réduit (lit, siège, claie de boucanage), d'alimentation (écorce de cuisine, mortier et pilon, van à chenilles, spatule, gobelet, feuilles d'emballage et de cuisson). On retrouve cette même contribution des plantes pour l'obtention du feu et de la lumière, des colles, des vêtements (pagnes ordinaires et pagnes de danse), la fabrication des jouets, des instruments de musique (malgré la présence fréquente d'une peau d'animal), etc.

Les plantes interviennent aussi dans les domaines de l'hygiène (baguette frotte-dents, "serviettes hygiéniques", "savon"), du bien-être (antimoustiques), de l'esthétique (tatouages, peintures corporelles, scarifications).

Le nombre très réduit d'objets et ustensiles que fabriquent les Pygmées est assez étonnant. Le facteur originel de ce dépouillement est-il à rechercher dans leur forme de vie nomade peu favorable à un encombrement matériel ou dans leur isolement en milieu forestier, à l'écart des grands courants de cultures, sources permanentes d'évolution, de créativité ? Peut-être, plus simplement, la profusion d'espèces végétales qui les entourent est telle qu'ils peuvent satisfaire tous leur besoins par une solution fruste certes, mais simple, immédiate, rapide et qui leur évite la dépense d'énergie qu'implique toute création.

Toujours est-il que la fabrication de ce nombre limité d'objets fait appel à une grande variété d'espèces végétales.

Plusieurs "espèces" peuvent indifféremment être mises à profit, mais suivant une démarche différente : certaines fois les plantes n'offrent aux yeux des Aka qu'une seule particularité intéressante. Leur utilisation est alors limitée à un cas précis. D'autres fois, la plante (ou partie de la plante) est douée d'une qualité précieuse qui permet son emploi dans maintes circonstances. C'est le cas du *Manniophyton fulvum* MULL. ARG. (Euphorbiacées) dont le liber, à la fois souple et résistant, sert à confectionner des liens dont l'usage est quotidien. Enfin, les plantes qui possèdent plusieurs propriétés intéressantes sont très fréquemment mises à contribution. Ainsi, les qualités de résistance, de grandeur, d'imperméabilité, de rigidité, et malgré tout de souplesse des feuilles de Marantacées et de Zingibéracées en font un matériau de choix qui se retrouve toujours et partout.

Il y a enfin la magie et la thérapie, deux mondes aux limites imprécises, difficilement dissociables, deux domaines pour lesquels l'univers végétal reste le pourvoyeur favori (EM, 1979b).

Beaucoup des pratiques qui nous apparaissent comme purement magiques impliquent la plante dans ce "gestuel" de l'espoir et du sécurisant, qu'il s'agisse d'une quête vitale de nourriture ou d'une simple recherche du bien-être et du bonheur.

Pour l'ensemble des formes thérapeutiques utilisées par les Pygmées aka, la participation des plantes à la composition des médications est, comme pour la majorité des populations africaines, de plus de quatre-vingts pour cent. L'efficacité de toutes ces plantes est-elle du domaine du mythe ou de celui de la réalité ? Les recherches en pharmacognosie ne sont pas encore assez avancées pour apporter à la réponse toute l'objectivité scientifique d'une composition chimique. Mais, à l'exemple des thérapeutes africains, il faut concevoir le malade en tant qu'homme évoluant dans un réseau d'interrelations indissociables entre le biologique, le psychique, le social et le culturel; et dans ce cas, faisant fi de toute prétention à un rationalisme rigoureux, il convient d'accorder une valeur de "médicament" à la majorité des plantes employées.

La collaboration des thérapeutes m'a permis de relever un très grand nombre de ces plantes "médicinales". Toutefois, on ne peut assimiler à ce savoir de spécialiste la médecine familiale, connaissance détenue essentiellement par les femmes, qui met à contribution un nombre beaucoup plus limité d'espèces végétales. Cette thérapeutique vise à soigner avant tout les maladies infantiles, les maux superficiels, les maladies les plus courantes, les symptômes les plus fréquents et les plus caractéristiques.

L'aide des thérapeutes est requise pour toutes les maladies plus complexes, celles qui ont résisté aux premiers soins ou celles qui semblent d'origine surnaturelle. En effet, dans ce cadre culturel particulier qui laisse prise à toute forme d'irrationnalité, la maladie est fréquemment conçue non comme un fait naturel mais comme une émanation de forces surnaturelles. Ces notions particulières de pathologie dont l'essence même échappe à "l'occidental", ainsi qu'une description des symptômes difficile à cerner, rendent assez ardu tout recensement des maladies reconnues par le thérapeute.

Il est intéressant de souligner que chez les Pygmées aka, ce savoir médical ne se transmet pas héréditairement. Un enseignement est pratiqué par des Maîtres ; et c'est après avoir franchi plusieurs niveaux sanctionnés par des "examens" qu'il est possible d'exercer dans l'une des différentes catégories de thérapeutes. Quelques-uns seulement, après avoir subi une initiation où les plantes hallucinogènes jouent un rôle primordial, seront aptes à établir la liaison entre le temporel et le monde des Esprits; mais quelle que soit leur spécialisation, ils devront toujours cumuler les charges de prescripteur, préparateur et dispensateur du remède (EM 1980).

La renommée de certains de ces thérapeutes dépasse largement les limites du campement et attire des clients tant pygmées qu'"étrangers" en l'occurrence des "Grands Noirs". A ce propos, il semble que quelques plantes médicinales venues de la Forêt Profonde aient fait partie des éléments du troc établi autrefois entre les Pygmées et les populations voisines, ces dernières s'aventurant peu dans cette zone considérée comme dangereuse. Ces échanges sont peut-être plus fréquents aujourd'hui du fait même des relations plus étroites engendrées par une semi-sédentarisation des Pygmées dans cette région.

Ce phénomène de sédentarisation a pour conséquence une acculturation matérielle qui évolue extrêmement rapidement et fait sentir ses effets dans tous les domaines de la vie quotidienne, que ce soit par acquisition de certaines pratiques ou par simple modification de techniques déjà connues.

Ces changements, choisis librement ou adoptés sous la contrainte administrative, et parfois simplement simulés, affectent non seulement les objets mais aussi les espèces végétales qui sont choisies pour leur fabrication.

Parmi celles-ci figurent actuellement des plantes cultivées et des plantes d'introduction récente auxquelles ils attribuent parfois la même valeur qu'à des plantes déjà connues dont la morphologie est similaire.

Parallèlement à cette évolution matérielle se manifeste un bouleversement plus profond, au niveau du mode de vie lui-même. La cueillette, de simple moyen de subsistance passe de façon temporaire et éphémère à un système de profit qui fluctue en fonction des modes et des besoins économiques (plantes médicinales, caoutchouc, etc.). Mais plus fondamentale encore est leur transformation irréversible et rapide en une population sédentarisée pratiquant l'agriculture.

Un mode de vie vieux de plusieurs milliers d'années est en train de disparaître, effacé en quelques décennies.

l'ENQUÊTE LINGUISTIQUE ET ETHNOLINGUISTIQUE À BAGANDOU

par Claude SÉNÉCHAL

La contribution de l'auteur à cet ouvrage collectif fait suite à un séjour prolongé à Bagandou et dans la forêt environnante, auprès de plusieurs groupements pygmées. L'enquête de Bagandou s'est déroulée de façon indépendante de celles de Mongoumba et de Kenga. Il convient donc d'abord de situer le milieu géographique et humain de cette enquête, afin de la définir et la distinguer des autres. De plus, comme les données recueillies au cours de cette mision de recherche débordent largement le domaine de la linguistique, il importe aussi de préciser la nature de cette enquête, les objectifs poursuivis et les méthodes utilisées. Cela devrait permettre d'apprécier la pertinence des données en provenance de Bagandou qui s'ajoutent aux résultats des autres enquêtes et s'intègrent dans une oeuvre de collaboration.

Lieu de l'enquête

Bagandou est une localité forestière de Centrafrique qui attire chaque année, en saison sèche, de nombreux groupements de Pygmées aka. Ces Pygmées n'habitent jamais dans l'agglomération même de Bagandou. Ils vont plutôt s'établir à proximité des plantations des villagois de Bagandou, afin de participer à certains travaux agricoles en échange de quelques produits. Ils construisent leurs campements provisoires sous les arbres et non pas dans les clairières des villageois.

Si ces Pygmées entretiennent traditionnellement des rapports économiques et sociaux avec certains agriculteurs de Bagandou, ils n'en demeurent pas moins des chasseurs-collecteurs semi-nomades. Ils vivent la plupart du temps dans la grande forêt et parcourent un vaste territoire à la recherche du gibier et des autres denrées sauvages. La forêt humide n'est pas un espace impénétrable et inorganisé. Ceux qui pénètrent en forêt empruntent généralement des sentiers bien battus, surtout dans les environs de Bagandou. Les Pygmées utilisent en effet des pistes qui appartiennent à une autre population, celle des agriculteurs noirs, les BaNgandu (pluriel du lexème .ngándù)[1] . Le groupe

[1]Des BaNgandu vivent près de la rivière Lobaye ou à Bagandou depuis plus de cinq générations. Leur tradition orale fait remonter leurs origines aux environs d'Impfondo, près de l'Oubangui et dans la région congolaise de la Likouala. Ils entretenaient des rapports avec des Pygmées même avant cette migration au site actuel de Bagandou. Ils déclarent que c'est un Pygmée qui les avait guidés vers cet endroit où de florissantes palmeraies naturelles s'offraient à eux. Le terme .ngándù ~ .ngàndò, selon les classes nominales dans lesquelles il s'insère, désigne l'individu (mò/bà.ngàndò "un/des Ngando"), la langue (dì.ngàndò), l'ethnie (bò.ngàndò).

Carte 4 - PISTES DE LIGNAGES DE LA REGION DE BAGANDOU

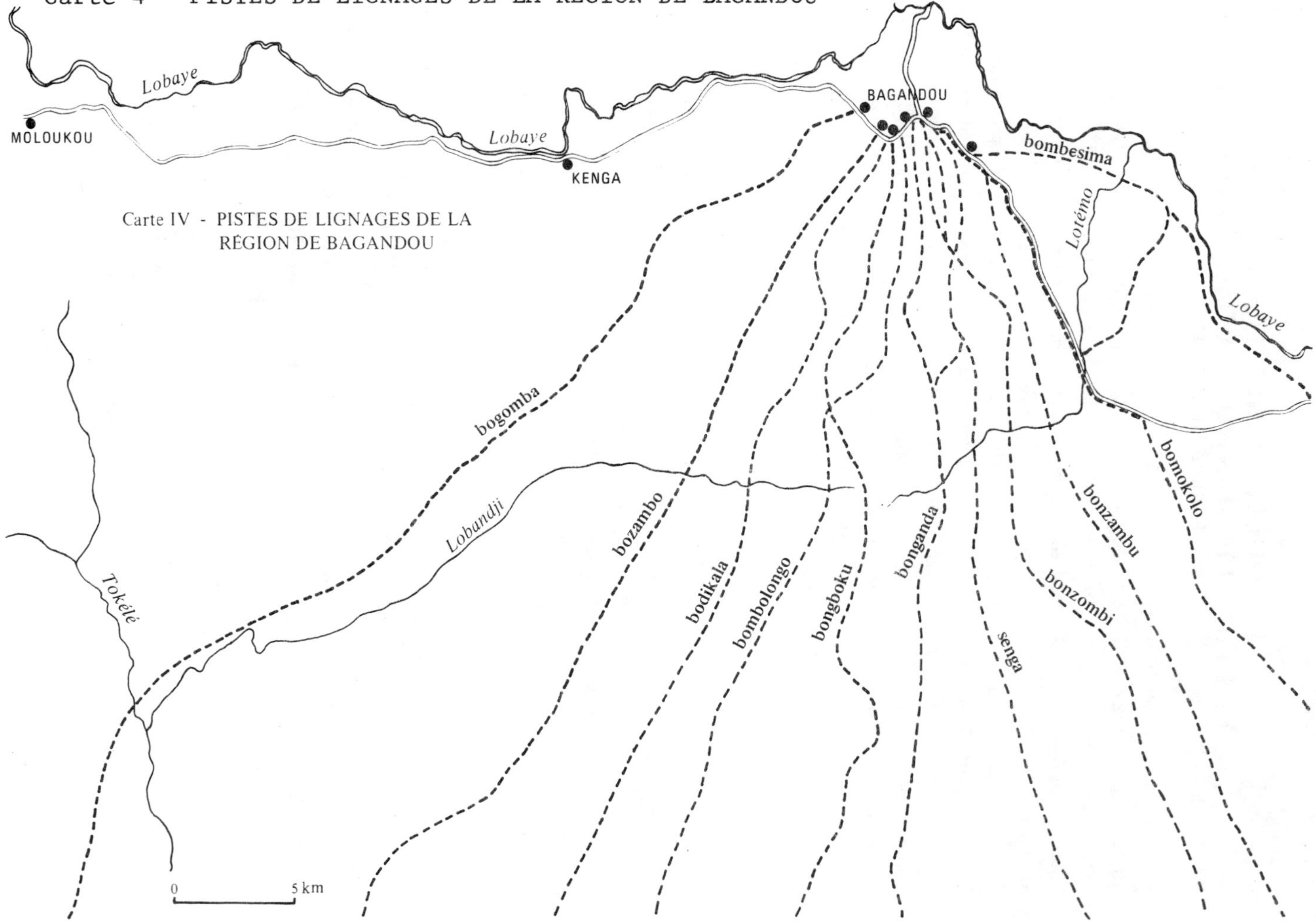

Carte IV - PISTES DE LIGNAGES DE LA RÉGION DE BAGANDOU

ngandu se compose de plusieurs patrilignages et chacun de ces groupes lignagers dispose d'une piste forestière qu'il maintient dans un état propre à la circulation piétonnière. Une telle piste parcourt de grandes distances car elle peut facilement mener à plus de quatre jours de marche soutenue. Les Pygmées utilisent généralement la piste du lignage auquel appartient le propriétaire ngandu qui a coutume d'échanger des biens et des services avec eux. Ils ne s'éloignent véritablement des pistes qu'une fois rendus dans les profondeurs de la forêt, là où le sous-bois est moins dense et où les sentiers d'animaux facilitent la circulation.

Situé en lisière de forêt, Bagandou est le lieu de convergence de onze grandes pistes forestières qui ramènent chaque année des groupements pygmées venant à la recherche de quelques biens de consommation qu'ils ne produisent pas eux-mêmes. Ces pistes portent toutes des noms de lignages ngandu, sauf la piste *senga* que se partagent deux groupes lignagers différents. La Carte IV, élaborée avec l'aide des informateurs locaux, fait voir une partie du parcours de chaque piste à proximité de Bagandou. On y voit aussi une route qui passe à Bagandou et se dirige vers Moloukou à l'ouest, tandis que l'autre segment de route qui se dirige vers Loko à l'est n'est plus carrossable. Cette route traverse la rivière Lobaye en direction de Mbaïki vers le nord.

Le nom de Bagandou n'apparaît pas souvent sur les cartes toponymiques, même si c'est celui que les populations locales utilisent généralement. Il correspond en fait à une agglomération de plusieurs unités administratives qui, depuis l'instauration du régime colonial français et encore après l'indépendance, s'identifient officiellement comme des villages distincts. Lombo, Koundaméla, Bokoka, Bozambo et Bongomba constituent le noyau central de cette agglomération, tandis que Bombékiti et Bokoma se trouvent à la périphérie de l'agglomération. La population de cet ensemble totalise ainsi presque trois mille habitants, si on ne compte que les villageois à l'exclusion des Pygmées aka. Les Pygmées ignorent souvent l'organisation administrative et circulent librement de part et d'autre de la frontière commune entre la Centrafrique et le Congo.

Les Pygmées aka n'ont jamais fait l'objet d'un recensement exhaustif dans les deux pays, car il paraît presque impossible de recenser des nomades dans une zone aussi vaste et difficile d'accès que celle de la basse Lobaye. Cette zone s'étend à l'ouest de l'Oubangui, entre les rivières Lobaye et Ibenga, sur une superficie de près de quinze milles kilomètres carrés. La population pygmée y est de très faible densité. Elle se trouve dispersée en petits groupements familiaux, des campements de moins de cent personnes. Ce groupe de résidence patrilocale se réduit souvent à un groupe de frères (les germains de sexe masculin) avec leurs femmes et leurs enfants. Le campement est nécessairement exogame et les femmes proviennent de plusieurs campements différents et souvent très éloignés. L'homme qui veut prendre épouse doit faire un service d'alliance. Il doit d'abord résider au moins deux ans auprès de ses alliés et leur donner tout ce qu'il produit avant d'avoir la permission de repartir avec sa femme. S'il veut obtenir deux femmes, il doit prolonger son service à la discrétion de ses alliés.

Ces règles d'alliance et de résidence impliquent un réseau complexe de circulation des hommes et des femmes entre les divers groupements nomades.

Les groupements qui se rassemblent provisoirement dans les environs de Bagandou, de Kenga et de Mongoumba, les trois lieux d'enquête des auteurs qui collaborent dans cet ouvrage, se trouvent dans la même zone et ne restent pas complètement isolés. Le jeu des alliances doit entraîner des échanges fréquents. C'est particulièrement évident entre les Pygmées de Kenga et ceux de Bagandou qui sont voisins et qui peuvent même se rencontrer sur une même piste forestière, celle de Bongoumba. Par contre Mongoumba se situe à une distance considérable de Bagandou. Certains contacts peuvent pourtant exister entre les deux localités par l'intermédiaire de Zomea et Loko, deux autres localités de la basse Lobaye. Les Pygmées des environs de Bagandou et de Zomea se rencontrent aussi en forêt et plusieurs d'entre-eux déclarent avoir des relations de consanguïnité ou d'alliance avec les Pygmées des environs de Loko. Ceux-ci sont à leur tour souvent apparentés à ceux des environs de Mongoumba (cf. Carte XII).

Si tous ces Pygmées aka de la basse Lobaye appartiennent à une même population au sens écosocial et biologique, ils manisfestent aussi une identité culturelle certaine. Leurs techniques de chasse et de collecte, leur style d'habitation, leur habillement rudimentaire et les outils qu'ils utilisent, tout cela paraît similaire à Kenga, Bagandou ou Mongoumba. Mais certaines différences locales peuvent se remarquer sur d'autres plans culturels, particulièrement ceux des représentations et du langage. Les Pygmées s'exposent à subir l'influence des villageois avec lesquels ils sont en contact. Or les villageois de localités aussi éloignées appartiennent souvent à des groupes ethniques distincts, les BaNgandu, les Monzombo, les Ngbaka et les Isongo, par exemple. Ils parlent donc des langues fort différenciées, les unes bantoues, les autres oubanguiennes. Les Pygmées, qui transigent avec certains de ces villageois depuis longtemps, finissent par emprunter quelques traits culturels.

L'enquête de Bagandou concerne seulement des Pygmées aka liés à des villageois ngandu. Les habitants de Bagandou appartiennent en grande majorité au groupe ethnique des BaNgandu. Les BaNgandu sont des agriculteurs forestiers. Ils cultivent surtout le manioc, le maïs et les bananes pour assurer leur subsistance, et ils produisent un peu de café pour le vendre sur le marché externe. Ils pratiquent en outre quelques activités saisonnières de chasse et de collecte. Des ressortissants de cette ethnie se retrouvent aussi dans des localités de la basse Lobaye autres que Bagandou, notamment à Kenga et même à Mongoumba. Ils parlent une langue bantoue très proche de celle des habitants d'Enyèlè au Congo. Cette langue domine celles des autres groupes ethniques en présence à Bagandou. Parmi ces minorités, c'est le groupe des Isongo qui se trouve représenté en plus grand nombre. Les Isongo, appelés aussi Mbati, viennent du nord de la rivière Lobaye et plusieurs d'entre eux habitent le centre administratif régional de Mbaïki. Les Pygmées liés aux Isongo ont généralement adopté leur langue, elle aussi de type bantou, et ils refusent de s'identifier aux Pygmées aka de la basse Lobaye. Quelques-uns de ces Babinga vivent près de Bagandou, surtout à Lago. D'autres pygmoïdes assimilés à la minorité des Bolemba se sont établis à Bagandou, dans un petit village appelé Koundaméla. Mais tous ces gens ne sauraient se confondre aux Aka, les "Pygmées de la grande forêt" qui font l'objet de cette enquête.

Nature de l'enquête

C'était une mission de recherche de seize mois qui amenait l'auteur de ces lignes à Bagandou et dans la forêt environnante, au cours des années 1975 et 1976. Cette mission s'incrivait dans un projet plus vaste, entrepris sous la direction du Docteur Herman A. WITKIN de l'*Educational Testing Service* à Princeton. Elle devait, dans une première étape, entraîner la collaboration de plusieurs chercheurs sur le même terrain, à Bagandou[2]. Chacun de ces chercheurs y recueillait des données dans son domaine de spécialisation, mais sur un thème relatif à l'hypothèse fondamentale de *l'indépendance à l'égard du champ dans la*

---

[2]Les Drs John W. BERRY, professeur de psychologie sociale à Kingston en Ontario, L. L. CAVALLI-SFORZA, professeur de génétique à Stanford en Californie, Mary STEWART-VAN LEEWEN, professeur de psychologie à l'université York de Toronto, Jan M.H. VAN DE KOPPEL, professeur de psychologie à Tilburg aux Pays-Bas et Robert ANNIS, professeur de psychologie à Glasgow.

différenciation psychologique. La tâche de l'auteur était plus particulièrement de réunir des données ethnographiques précises sur les deux populations en présence, c'est-à-dire les chasseurs-collecteurs pygmées et les agriculteurs ngandu. Les formes d'adaptation à l'environnement forestier, les organisations économiques et sociales, ainsi que les rapports d'inégalité entre les deux populations, voilà les principaux sujets d'études. Les résultats de ces travaux devaient aussi servir à la présentation d'une thèse en sociologie à l'Ecole des Hautes Etudes en Sciences Sociales de Paris. Si ces objectifs ne paraissent peut-être pas exiger une enquête linguistique, la réalité est telle qu'il s'est avéré nécessaire d'étudier la langue des Pygmées pour mieux les réaliser.

Cette approche linguistique s'explique à cause de la situation particulière que connaissent les Pygmées aka dans l'Afrique d'aujourd'hui. Il faut d'abord admettre le fait que le français, la langue officielle de Centrafrique et du Congo, reste complètement inconnu des Aka. Ceux-ci ne fréquentent jamais l'école de l'enseignement primaire qui s'est implanté depuis plusieurs années à Bagandou. Même le sango, la langue véhiculaire de cette région, reste pratiquement ignoré chez eux. Certains villageois comprennent assez bien la langue aka et plusieurs Pygmées comprennent celle des BaNgandu. Cependant les rapports d'inégalité qui existent entre les deux populations nuisent considérablement à la communication exigée dans une approche socio-anthropologique. Le chercheur qui ne connaît rien de la langue de ses informateurs aka doit utiliser un interprète noir pour demander des renseignements. Les informateurs qui se trouvent dans une position d'infériorité sociale craignent souvent que leurs paroles soient mal interprétées. Seule une communication directe entre le chercheur et l'informateur aka peut établir un climat de confiance réciproque qui soit favorable à la collecte des données sur la situation réelle de ces gens. Il fallait d'abord s'initier au vocabulaire usuel ainsi qu'à la structure grammaticale de la langue des Pygmées aka avant d'espérer comprendre quelque peu les conversations courantes et de vouloir y participer.

L'auteur de cette enquête n'avait acquis qu'une formation linguistique sommaire lors de ses études en anthropologie sociale et culturelle. Une initiation au fulfuldé, réalisée à l'occasion d'une mission de recherche au Cameroun, représentait certainement une expérience profitable dans l'apprentissage d'une nouvelle langue africaine. Mais cette fois, il fallait partir à neuf, sans disposer d'aucun document sur la langue et, pour tout dire, dans l'ignorance presque totale des travaux des linguistes qui ont travaillé sur les langues bantoues. L'apprentissage fut laborieux. Les résultats obtenus sont peut-être modestes, mais ils présentent maintenant l'intérêt spécial de corroborer des données qui furent recueillies à Mongoumba ou à Kenga de façon indépendante. Il s'agit en quelque sorte d'une enquête témoin (CS, 1979).

La première phase de l'étude de la langue exigeait le concours d'un interpète disposé à aborder un nouveau système phonétique et grammatical sans trop de préjugés. Le premier interprète fut choisi parce qu'il admettait tout ignorer de la langue aka ainsi que de la langue ngandu. Il parlait isongo, sango et français. Cet étudiant originaire de Boukoko n'avait jamais vécu en basse Lobaye auparavant et il ne se conformait pas au modèle de comportement autoritaire que les villageois adoptent d'habitude face aux Pygmées. Un séjour de deux mois dans le petit établissement forestier de Lotémo avait permis de construire un premier glossaire de six cent mots et de compléter un questionnaire préparé pour une étude exploratoire des langues négro-africaines (WELMERS-Tervuren). Les informateurs aka de Lotémo comprenaient suffisamment l'isongo ou le sango pour communiquer avec l'interprète et répondre en aka au questionnaire linguistique. Le même travail fut ensuite repris avec d'autres informateurs disponibles à Bagandou.

Les informateurs aka qui ont participé à l'enquête appartenaient généralement à la catégorie des hommes d'environ trente ans. Ceux-ci entraient plus spontanément que les autres en contact avec le chercheur qui pouvait s'identifier à cette catégorie sociale. Les entretiens se déroulaient au campement des informateurs pendant les heures de détente des hommes, généralement en fin d'après-midi. L'interprète adressait toujours ses questions à un informateur privilégié, mais celui-ci n'était jamais isolé de son groupe. Le répondant se voyait toujours entouré de quelques-uns de ses pairs qui l'assistaient dans sa tâche et corrigeaient parfois ses erreurs. Les Pygmées aimaient désigner eux-mêmes le membre du groupe qui leur paraissait le plus habilité à faire la causerie. Il arrivait à certains informateurs privilégiés de se désister pour laisser la place à un compagnon plus loquace. Cette tâche volontaire n'était pas rémunérée, mais l'informateur privilégié s'attendait à recevoir des cigarettes qu'il partageait toujours généreusement avec les autres. Les quelques femmes aka qui ont rempli ce rôle de répondant s'entouraient aussi de compagnes. Une première transcription des données s'effectuait sur place, même si un enregistrement sur cassette devait permettre de réviser les résultats à volonté.

Des enregistrements de récits, surtout des histoires de chasse, venaient à l'occasion s'ajouter aux entretiens prévus. Leur transcription et leur traduction allaient bientôt permettre de développer un lexique qui touche de près la vie quotidienne des chasseurs-collecteurs forestiers. Chacun des termes recueillis fut isolé et copié sur une fiche afin de pouvoir procéder à une vérification minutieuse. Un nouvel interprète s'est consacré à cette tâche. C'était un jeune homme de Bagandou qui jouissait déjà d'un statut élevé dans des institutions religieuses et administratives de la localité. Il assistait le chercheur dans ses travaux auprès des villageois et auprès des Pygmées. Il appartenait à l'ethnie ngandu. Il parlait ngandu, français et sango avec aisance. La révision de tout le corpus accumulé depuis le début de l'enquête permettait de vérifier la notation phonétique, de bien différencier les tons et de préciser la signification de chaque mot. Il fallait aussi situer les lexèmes nominaux dans le jeu complexe des oppositions de classe et de genre. Les lexèmes verbaux étaient repris avec des exemples d'énoncés complets. Les informateurs aka qui ont accepté de collaborer à cette phase ardue de l'enquête étaient déjà bien connus du chercheur. Le travail de révision ne s'est interrompu qu'à la fin de cette mission de recherche à Bagandou.

Après son premier séjour à Bagandou, l'auteur a fait une session d'étude à Paris. Il a profité de cette période pour consulter quelques ouvrages de linguistique africaine. Ce fut l'occasion de prendre connaissance d'un texte de J.M.C. THOMAS sur l'enquête en cours à Mongouba, texte d'une communication faite au colloque du WALS à Yaoundé (1974). Fort de cette documentation, l'auteur est reparti faire un second séjour à Bagandou et poursuivre l'apprentissage de la langue aka. Il lui était dorénavant possible de converser simplement avec les Pygmées et de comprendre quelques bribes de leurs incessantes causeries. C'est ainsi que plusieurs mots sont venus s'ajouter au fichier de base, non sans nécessiter une vérification préalable.

Il est important de stipuler que plusieurs termes notés dans les conversations se trouvaient finalement éliminés du lexique après l'étape de vérification, parce que les informateurs aka ou les locuteurs eux-mêmes les identifiaient comme étant des emprunts aux langues ngandu, isongo ou sango et fournissaient leurs équivalents en langue aka. Cette épuration du lexique présentait l'avantage de simplifier l'apprentissage du vocabulaire usuel, celui que les Pygmées connaissaient le mieux. On pourrait donc dire que les résultats de l'enquête de Bagandou ne reflètent pas toute la réalité linguistique actuelle, puisqu'ils minimisent l'importance de l'influence des langues voisines sur la langue aka. Mais c'est dans la mesure où une langue se distingue des autres qu'elle présente une identité propre. Les emprunts sont plus fréquents dans le vocabulaire relatif à certains domaines d'activité encore dévolus aux villageois. Les hommes pygmées qui travaillent sur les plantations des BaNgandu pendant plusieurs mois se laissent souvent entraîner vers un certain bilinguisme. Ils doivent au moins apprendre les termes propres aux techniques agricoles et les rudiments de la langue ngandu, afin de comprendre les directives de leurs patrons. Certains poussent cet apprentissage plus loin et peuvent aussi s'initier aux langues isongo ou sango. Il n'est pas étonnant que des éléments de ces langues passent dans le discours de certains locuteurs aka, mais ils ne devraient pas servir à masquer l'identité de leur langue. Le rapprochement des résultats de l'enquête de Bagandou avec ceux des autres enquêtes révèle déjà cette identité, en dépit de l'existence de quelques différences dialectales.

LINGUISTIQUE ET ETHNOLINGUISTIQUE À MONGOUMBA

par Jacqueline M. C. THOMAS

Dès mes premiers travaux en 1956 c'est à une population de chasseurs-collecteurs forestiers, pratiquant alors une agriculture rudimentaire, que je m'intéressai. Leur remarquable adaptation au milieu naturel, tout le profit qu'ils savaient en tirer sans lui porter d'irrémédiables atteintes constituaient à mes yeux un attrait particulier pour cette civilisation. J'y voyais pourtant déjà s'amorcer les profondes transformations qui devaient, en quelques années, l'amener à rejoindre la cohorte des cultures victimes du nivellement engendré par la pression que l'Occident exerce sur elles afin de les insérer dans les circuits du monde moderne.

A cette époque, Pygmées et "maîtres" ngbaka menaient, à quelques degrés près, approximativement le même genre de vie. Chasse, collecte, cueillette, pêche au marigot constituaient l'essentiel de leurs activités. Ils les avaient pratiquées de concert pendant des temps immémoriaux. En vingt ans, les hommes de la forêt sont devenus des sédentaires, petits planteurs inconfortables et la forêt les a abandonnés. En cinq ans, les Pygmées des abords de Mongoumba, seigneurs de la forêt, se sont transformés en manoeuvres agricoles sous-payés, occasionnellement pitres et mimes pour touristes égarés, cible de choix pour quelques missionnaires attardés en mal de catéchumènes, même peu zélés.

Cependant, lorsque notre équipe arrivait en 1968 à Mongoumba pour y entreprendre une étude approfondie des populations riveraines de l'Oubangui et plus particulièrement des Monzombo, la situation était bien différente.

La petite sous-préfecture avait conservé de l'époque coloniale un curieux charme, dû à ses longues allées couvertes de flamboyants ou de manguiers surplombant le fleuve au bord duquel tombaient doucement en ruines quelques vieilles cases surélevées, au large toit de chaume qui baignait d'ombre fraîche une longue véranda. Gros village, plutôt que ville, perdu au bout d'une piste ne menant nulle part, difficile d'accès et oublié de tous, Mongoumba respirait au rythme de son temps.

Passée la dernière case après le débarcadère la forêt triomphante reprenait ses droits et l'homme, craintif, les lui reconnaissait. La piste qui serpentait de hameau en hameau sur quelques kilomètres encore avant la frontière, sans débouché, n'était pas fréquentée et quasi impraticable. Les Pygmées, clients des villageois, timides et furtifs, ne se laissaient jamais surprendre et leurs campements loin à l'écart de la piste, silencieux et discrets, pouvaient rester insoupçonnés. De fait, leur présence était rare, la forêt les accaparant davantage que leurs activités auprès des villageois.

Occupée par l'étude de ces derniers, les Monzombo, de leurs techniques de pêche, de leur faune, de leur flore, je n'avais jusqu'alors jeté que quelques regards distraits sur leurs alliés pygmées, rencontrés au hasard dans l'un ou l'autre village. Ce n'est qu'en 1971, lorsque Simha AROM se joignit à nous pour compléter par une étude musicologique nos travaux sur cette ethnie que finalement je découvris vraiment les Pygmées aka.

Lui s'intéressait à leur musique. France CLOAREC-HEISS qui travaillait sur le mbanza et moi l'assistâmes tout d'abord dans sa collecte du vocabulaire musicologique. Il fallut en premier lieu mettre au point une transcription phonologique, acquérir quelques rudiments de morphologie et un certain vocabulaire de base. Au départ, la tâche ne fut pas facile : nous n'avions aucune langue commune. Les Pygmées ne parlaient ni français, ni sango et, bien que leurs maîtres fussent monzombo, n'avaient de cette langue qu'une connaissance plus que rudimentaire. Les débuts de l'enquête se sont faits par gestes avec tout ce que cela comporte d'incertitudes, de risques d'erreurs... et de franches parties de rire. Car c'est sans doute la cause du grand attachement que j'eus désormais pour les Pygmées, outre leur extrême gentillesse, leur patience, leur délicatesse, ils font toujours preuve d'un merveilleux sens de l'humour et d'une gaîté sans exhubérance, qui rendent les relations de travail et d'amitié particulièrement agréables.

Après quelques temps, ayant trouvé chez de jeunes collègues de spécialités différentes un enthousiasme identique pour ces recherches, je me consacrai plus particulièrement à l'étude linguistique, ce qui dans l'optique qui est la mienne ne signifie nullement qu'il s'agisse d'un exercice académique coupé de sa réalité vécue quotidiennement, bien au contraire.

Le travail, commencé comme une simple quête de vocabulaire spécialisé, s'est bientôt développé dans de nombreuses directions, canalisées par une approche commune, celle de l'étude du discours de la tradition orale. Dans une première étape, une esquisse générale de la grammaire fournissait une base de réflexion pour des enquêtes et des analyses plus fouillées, d'abord de la morphologie et de la syntagmatique nominales qui se révélaient d'autant plus riches et intéressantes que je n'en excluais pas *a priori* toute sémantique, puis de la morphologie et de la syntagmatique verbales aux ressources insoupçonnées, puisant leur complexité d'expression dans l'usage simultané de la dérivation, de l'affixation et de la flexion vocalique de timbre et de ton. L'analyse syntaxique permettait de saisir l'importance de l'énoncé nominal et de certains phénomènes para-phonologiques, comme celui de la rythmique du discours.

L'exploitation des textes de mythes, de contes, de chants et de récits divers (biographies, histoires de chasse ou de collecte, conversations, etc.) fournissaient un matériau d'exploration de la langue et de la société, inappréciable, et dont toutes les possibilités n'ont pas encore été découvertes. Il faut ajouter à cela l'aspect motivant de ce type d'enquête, à la fois pour l'enquêteur et pour les informateurs. L'enquête linguistique proprement dite par son caractère aride et sévère est souvent assez rebutante et fastidieuse si elle est menée comme un but en soi, indépendant de la connaissance du contexte, et finalement elle se montre moins révélatrice de la langue que ne le fait l'enquête menée dans une perspective ethnolinguistique aux horizons plus vastes et aux moyens plus divers. Il faut aussi penser que les activités habituelles des Pygmées ne les prédisposaient guère à cette tâche à laquelle nous nous sommes mis ensemble.

Indépendamment des problèmes de communication, qui exigèrent au départ toute une chaîne d'interprétation (français - sango - ngando - aka) et en conséquence la collaboration de villageois ngando qui connaissaient la langue des Aka et suffisamment de sango pour transmettre l'information à notre assistant-interprète — les premières années un

Banda et par la suite un Bolaka — qui, lui, maîtrisait parfaitement cette langue et bien le français, il y eut aussi la nécessité de toujours travailler avec un petit groupe d'informateurs pygmées. Plusieurs raisons m'y ont poussée et constituent, d'une façon générale, pour moi, une méthode de travail. D'abord, je trouve le tête-à-tête linguistique particulièrement sinistre et ennuyeux. Chez les Pygmées, il eût été impossible, vu leur timidité et leur peu de goût pour les activités sédentaires et isolées. Ensuite, il est toujours préférable de ne pas décrire un idiolecte et de pouvoir, d'autre part, contrôler l'information dès le départ par la multiplicité de ses sources. Enfin, le groupe constitue une sorte d'échantillonnage de la société, avec ses différents âges (jeunes, adultes et vieux), sa division sexuelle, ses régionalismes (gens de Mongoumba, gens de Loko), ses spécialités (maître-chasseur, devin). A l'image des communautés pygmées, il a connu au cours des ans, une certaine fluidité, conservant un noyau fixe et voyant certains apparaître, disparaître, reparaître. Il comprend de cinq à treize personnes avec une moyenne de sept à dix, dont une majorité d'hommes, les "permanents" étant six hommes, de tous âges, et une femme d'une quarantaine d'annés. Ceux-ci représentent ce que je considère comme mes Informateurs de Référence[1]. L'information d'où qu'elle vienne est revue, commentée, analysée avec leur aide. Trois d'entre eux ont été particulièrement initiés aux exigences de l'étude linguistique : ils ont appris à manier le discours en élocution délibérée pour que je parvienne aisément à prendre le texte sous la dictée; ils savent siffler les tons, énoncent les classes nominales et leurs accords pour chaque terme nouveau, donnent les deux ou trois formes nécessaires à l'identification du thème verbal. Cette formation allant évidemment de pair avec leur jeunesse, ils ont comme conseils et garants de leur authenticité leurs aînés dont les connaissances, plus difficilement transmises, sont plus sûres et plus profondes.

Les interprètes ngando, bien qu'ils connaissent parfaitement tous les membres du groupe et aient avec eux des rapports fréquents ne sont pas liés à eux et ne se situent donc pas dans la catégorie, toujours contraignante, des "maîtres", ce qui évite les tensions et la distorsion des relations et partant de l'information qui en résulteraient.

---

[1]Dans le chapitre consacré à la langue je présenterai mes différents collaborateurs : Informateurs de Référence aka, interprètes ngàndò et assistants bàndà et 'bòlàkà.

Mon assistant-interprète 'bòlàkà, étranger à la région, n'est en rien impliqué dans ce système d'échange et de sujétion où sont engagés Aka et villageois de Mongoumba. De plus, il nourrit à l'égard des Pygmées des sentiments d'estime et d'amitié qui se sont renforcés au cours de notre étude au fur et à mesure qu'il les découvrait et apprenait à mieux les connaître, au point qu'il a récemment pris femme parmi eux.

A tout cela, il faut ajouter le fait que mon expérience personnelle — et strictement telle du fait de la discipline, de la méthodologie et de mon propre tempérament qui oriente et cerne mes relations avec la société et dans le même temps l'analyse que j'en fais — se trouve constamment confrontée, remise en cause, réajustée par celle des autres membres de notre équipe et réciproquement, si bien qu'il me semblerait aujourd'hui difficile d'envisager une étude qui ne fût pas interdisciplinaire.

Carte 5 - HISTORIQUE ET LOCALISATION DES RECHERCHES

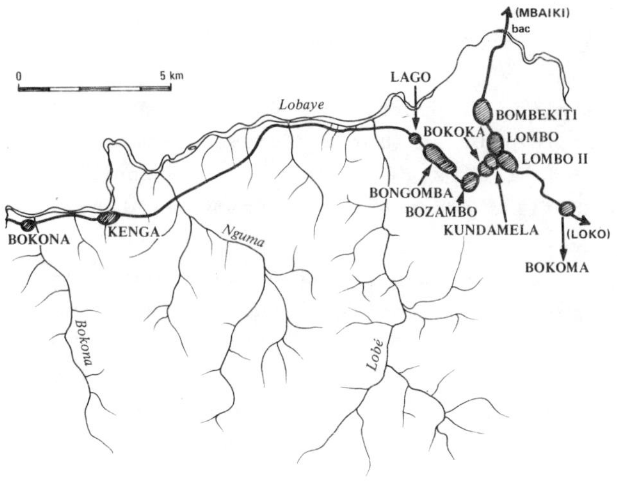

a) RÉGION de BAGANDOU

PRINCIPALES LOCALITÉS D'ENQUÊTE ET RECHERCHES EFFECTUÉES

Ikoumba	: MOTTE, 1976 (ethnobotanique)
Mongoumba	: AROM, CLOAREC, THOMAS, depuis 1971 (ethnomusicologie, linguistique, ethnolinguistic GUILLAUME, 1975-1980 (anthropologie soc
Bagandou	: SÉNÉCHAL, 1975-1976 (ethnologie) ; BAHUCHET, depuis 1976 (ethnosciences, ethr gie) ; EPELBOIN (1979 (ethnomédecine)
Kénga	: BAHUCHET, depuis 1972 (ethnoécologie, et linguistique)
Ndèlè	: BAHUCHET et GUILLAUME, 1979 (ethnol ethnolinguistique)
Nola	: AROM, 1965 (ethnomusicologie)
Bayanga	: BAHUCHET et GUILLAUME, 1979 (ethnol ethnolinguistique)
Bagbali	: DEMESSE, 1964, 1958-59 (ethnologie)
Gandikolo	: BALLIF, 1946, 1982 (ethnologie)

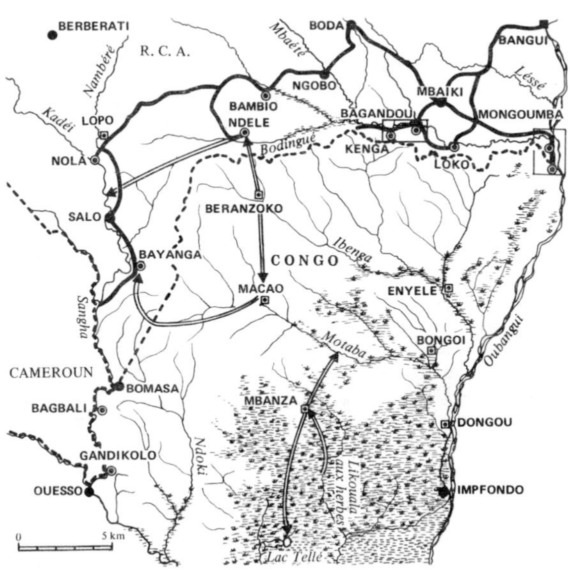

LOCALITÉS DU NORD DE L'AIRE AKA

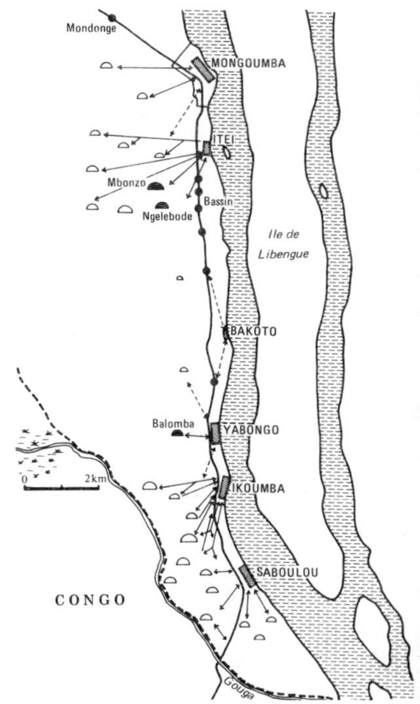

b) RÉGION de MONGOUMBA

3. L'ENCYCLOPÉDIE AKA

I. HISTORIQUE

Au cours du dernier trimestre de l'an 1977, J.M.C. THOMAS décidait de réunir les chercheurs qui se sont succédé sur le terrain en Lobaye, au cours des années précédentes. Cette réunion eut lieu et regroupa autour de J.M.C. THOMAS, S. AROM, S. BAHUCHET, L. BOUQUIAUX, F. CLOAREC-HEISS, J.M. DELOBEAU, H. GUILLAUME et E. MOTTE. Il fut décidé d'un commun accord (en fait, une collaboration avait déjà été partiellement amorcée au cours des années passées) d'associer les vocabulaires recueillis par chacun, afin de publier, à court terme, un *LEXIQUE*, éventuellement suivi ensuite d'un ouvrage plus complet et plus ethnographique. Le lexique déjà constitué par J.M.C. THOMAS, et dont des copies avaient circulé, fournirait le point de départ.

Plusieurs séances "pléniaires" eurent lieu, au cours desquelles on intégra et discuta le vocabulaire lié aux activités musicales, recueilli par S. AROM. Du fait de la dispersion géographique et de l'emploi du temps de chacun, de telles séances étaient de réalisation difficile; aussi fut-il demandé à tous, à partir d'une photocopie du Lexique Initial, de le compléter et d'envoyer à J.M.C. THOMAS tout vocabulaire n'y figurant pas. E. MOTTE fournit de cette manière une terminologie ethnobotanique étendue. F. CLOAREC-HEISS, pour sa part, réalisa à partir du Lexique Initial une première version du Lexique français-aka. A partir de ce moment, S. BAHUCHET, H. GUILLAUME, et J.M.C. THOMAS se réunirent très fréquemment, jusqu'en janvier 1978. Ils discutèrent du vocabulaire recueilli à Kenga par S. BAHUCHET et à Mongoumba par H. GUILLAUME, J.M.C. THOMAS et S. AROM, établirent les variantes et rédigèrent les articles concernant tous les termes ethnographiques disponibles à ce moment.

En janvier 1978, J.M.C. THOMAS effectua une mission de deux mois en Centrafrique, à Mongoumba, au cours de laquelle elle procéda à une *vérification générale* de tout le lexique alors disponible. Elle vérifia[1] également systématiquement le vocabulaire recueilli dans la Sangha par Lucien DEMESSE à partir de 1954, en complétant la transcription phonologique. Elle vérifia aussi une partie du vocabulaire technique et naturaliste recueilli à Kenga par S. BAHUCHET. En mai 1978, le mémoire de diplôme de l'E.H.E.S.S. de celui-ci était achevé et le vocabulaire contenu était intégralement reporté dans le lexique. A partir de ce moment, la masse d'informations devint telle qu'il fut évident que le lexique ne pourrait pas être réalisé "très rapidement" et de ce fait qu'il fallait cesser de le considérer et concevoir comme *LEXIQUE*, et le transformer en *DICTIONNAIRE*, l'abondance de documents et d'explications justifiant l'appellation de *DICTIONNAIRE ETHNOGRAPHIQUE*.

En juillet 1978, S. BAHUCHET partait en Centrafrique pour une mission de cinq mois. Pendant ce temps, il vérifia systématiquement, à Bagandou, le vocabulaire de la nature et des techniques recueilli à Mongoumba, obtenant ainsi des synonymies ou des variantes dialectales, des recoupements et des compléments d'information, précisant les explications, et enfin recueillant de ce fait du vocabulaire nouveau. Pendant ce temps, J.M.C. THOMAS reportait l'intégralité du vocabulaire botanique contenu dans la thèse de 3ème Cycle d'E. MOTTE, et C. SENECHAL envoyait du Canada son fichier d'environ mille termes recueillis à Bagandou au cours de ses trois séjours (1975 à 1978). Pendant toute l'année 1978 et une grande partie de l'année 1979, H. GUILLAUME, vivant en Centrafrique, approfondit les définitions déjà existantes concernant les activités, les relations sociales, la parenté et les

---

[1] "Vérifier" signifie proposer les termes aux informateurs et susciter leurs réactions : s'ils connaissent le mot, s'ils l'utilisent, quelle signification ils lui donnent, dans quel contexte ils l'emploient (exemples linguistiques) ; leur faire donner les dérivés, et synonymes et recueillir les commentaires de tous ordres (ethnographiques, naturalistes...), etc.

rituels, recueillant en même temps du vocabulaire nouveau qui était joint au fur et à mesure au dictionnaire.

En janvier 1979, S. AROM effectuait une mission à Mongoumba, au cours de laquelle il procéda à la *vérification* de nombreux points particuliers encore douteux. En avril 1979, S. BAHUCHET repartait en R.C.A. et effectuait avec H. GUILLAUME une tournée de six semaines en Haute Sangha, étudiant le dialecte des Mbènzèlè, et vérifiant un lexique d'environ sept cents termes (liés aux principales techniques, à l'économie, à la nature et aux rituels) dans deux localités (Ndèlè et Bayanga), obtenant ainsi de nombreuses synonymies et variantes. En août 1979, H. GUILLAUME réalise une mission au Nord Congo (Ouesso et Impfondo), étudiant le vocabulaire lié à la parenté et aux rituels et la répartition géographique des noms de groupes de filiation patrilinéaire. Dès son retour en France en août 1979, S. BAHUCHET se joint à J.M.C. THOMAS pour la rédaction définitive du fichier : introduction des termes de Haute Sangha, recueil et mise sur fiche des données sur les contacts de langues, rédaction des définitions et des articles, vérification et mise au point des renvois (variantes, synonymies, "fiches-clefs" de synthèse), choix des illustrations. L'ampleur des documents, la taille du fichier (environ 10.000 mots), l'importance des explications ethnographiques contenues dans les fiches, les poussent alors à dénommer l'ensemble *ENCYCLOPEDIE*, d'abord par plaisanterie, puis sérieusement.

Enfin, Alain et Sylvie EPELBOIN effectuent en janvier 1980 à Bagandou une première enquête d'ethnomédecine, qui leur permet de vérifier et de compléter une partie des termes liés aux maladies et de collecter une masse impressionnante de textes (entretiens et enquêtes médicales).

II. MÉTHODOLOGIE

1. Corpus

L'*Encyclopédie* est constituée de vocabulaires techniques recueillis par plusieurs spécialistes, au cours d'études diverses qui n'avaient pas été engagées dans la perspective d'établir un dictionnaire, selon la méthodologie propre aux différentes disciplines représentées (linguistique, ethnobotanique, ethnozoologie, écologie, musicologie, technologie, anthropologie sociale, ethnomédecine). Ces méthodes spécialisées ont été décrites dans les "introductions personnelles" des auteurs respectifs.

Le point de départ de cet ouvrage collectif a été le lexique établi par J.M.C. THOMAS dès 1974 (cf. THOMAS, 1977 a). Celui-ci était fondé sur un Questionnaire d'Enquête Extensive (QEX) de 651 phrases (pour le contenu du QEX, cf. BOUQUIAUX et THOMAS (éds.), 1976, tome II), des enquêtes dans les campements pour les noms des choses, avec F. CLOAREC-HEISS, puis sur le recueil, la transcription et l'analyse (en présence et avec l'aide des locuteurs) de textes oraux (contes, mythes et chants recueillis par S. AROM et J.M.C. THOMAS, récits biographiques et techniques, collectés par J-M. DELOBEAU, H. GUILLAUME et J.M.C. THOMAS). Ce travail de transcription de récits a été poursuivi à chaque mission à Mongoumba par J.M.C. THOMAS. Quelques textes recueillis à Kenga par S. BAHUCHET ont également été dépouillés. De très nombreux entretiens avec des malades et des enquêtes médicales, enregistrées par A. EPELBOIN à Bagandou en 1980, ont été traduits et transcrits et ont fourni un important vocabulaire. Tous les termes recueillis de cette manière ont ensuite fait l'objet de demandes d'explications et d'enquêtes technologiques.

A ce Lexique Initial ont donc été ajoutés systématiquement tous les vocabulaires techniques spécialisés recueillis par S. AROM, E. MOTTE, S. BAHUCHET, A. et S. EPELBOIN, en même temps que ceux-ci apportaient des précisions aux termes du Lexique Initial relevant de leur discipline. J.M.C. THOMAS y incorpora, après en avoir complété phonologie et tonologie, le fichier d'environ mille termes recueilli par Lucien DEMESSE, provenant essentiellement du Nord Congo. Enfin, l'apport du fichier de C. SENECHAL fournit du nouveau vocabulaire provenant de Bagandou, et la réalisation par S. BAHUCHET à Bayanga d'un Questionnaire d'Inventaire Linguistique (QIL) de 260 phrases apporta encore du vocabulaire nouveau.

Nous avons pu également bénéficier des termes de maladies recueillis à Bagandou par J.M.H. et M. VAN DE KOPPEL (1978) qui ont eu la gentillesse de nous permettre de les incorporer au corpus général. Par ailleurs nous avons dépouillé quelques textes recueillis à Bagandou et publiés par COMBETTES et TOMASSONE (1978), textes qui ont apporté quelques mots nouveaux (essentiellement des verbes dérivés) qui ont été incorporés à l'ensemble et signalés par (Bg-B) soit "Bagandou-Bokoka" (cf. Carte V des localités d'enquête).

2. Dialectologie

A partir de la mise en commun des vocabulaires et de la collecte de documentation extérieure a été effectué un "recoupement" absolument systématique des données. On a ainsi procédé à la vérification :

- *d'un groupe d'informateur à un autre* : à Mongoumba, de Bagandou à Kenga, à Bagandou
- *d'une localité à une autre* : de Kenga à Mongoumba, de Mongoumba à Bagandou, du Nord Congo à Mongoumba (avec le vocabulaire laissé par Lucien DEMESSE)
- *d'une région à une autre* : c'est-à-dire de Lobaye (Mongoumba + Kenga + Bagandou) en Sangha (Ndèlè + Bayanga), et quelques mots en retour.

Lucien DEMESSE recueillit de 1954 à 1963 du vocabulaire dans plusieurs localités réparties le long de la Sangha : région de Bomassa (Bagbali), de Salo, de Nola et le long de la Kadeï, ainsi que le long de la Motaba, de la région de Dongou aux sources.

De plus Noël BALLIF nous communiqua le vocabulaire spécialisé qu'il recueillit en 1946 chez les Mbènzèlè de la région d'Ouesso (Sangha).

En Lobaye, les différentes localités ayant constitué des points d'enquête recouvrent en réalité des aires plus étendues du fait de la circulation des individus. Ainsi Mongoumba représente le parler de Mongoumba-même et celui de Loko où se situent les alliances matrimoniales, par contre Ikoumba, à une quinzaine de kilomètres au sud de Mongoumba, est préférentiellement lié à la zone de Bétou. Dans la région de Bagandou, Bokoma à l'est est également orienté vers Loko; en revanche le centre de Bagandou (Lombo I et II, Bokoka) est orienté vers le sud-sud-est en direction d'Enyèlè, tandis que l'ouest de l'agglomération (Bongomba II) est dirigé vers l'est (Kenga); plus loin à 20 km, Kenga-même est résolument tourné vers l'ouest (région de Bakota et au sud-ouest)(cf. Carte XII, infra). Cette distribution progressive est perceptible dans les schémas de répartition des termes figurant à certains articles complexes du dictionnaire (§§ .mbɔ̀ngɔ̀, .bɔ̀kà, .sɔ̀sá, .mbèmá, .nzɔ̀kù, .kɔ́ndí, etc.).

Ceci a permis la mise en évidence de variantes dialectales et de synonymies, tout en permettant un contrôle des informations obtenues, des compléments d'explications et une amplification constante de l'information.

3. Analyse et synthèse

La rédaction définitive des fiches du dictionnaire a donné lieu, de la part des éditeurs, à un *travail d'analyse et de synthèse*, puisqu'il s'agissait de faire entrer sur chaque fiche tous les documents amassés et proposés par les différents spécialistes, de les ordonner et d'organiser les explications fournies, en ménageant des renvois systématiques aux autres termes participant de la même réalité culturelle. Les éditeurs ont de plus cherché à rassembler, sur un certain nombre de "fiches-clefs", l'ensemble du vocabulaire se rapportant au même trait culturel.

4. Contacts de langues

Au fur et à mesure de l'établissement des entrées du dictionnaire, avaient été portés sur les fiches les mots équivalents dans d'autres langues qui étaient connues des éditeurs : Ngbaka et Monzombo (J.M.C. THOMAS), Mbati (fichier et QEX de Luc BOUQUIAUX), Ngando (QEX de J.M.C. THOMAS et L. BOUQUIAUX, vocabulaire de S. BAHUCHET).

Au moment de la rédaction définitive des fiches, les éditeurs entreprirent alors un *travail systématique de comparaison*, en dépouillant les sources qui étaient à leur portée. Pour les langues pygmées : dictionnaire d'environ 3.000 mots et textes Baka du Cameroun (BRISSON et BOURSIER, 1979); vocabulaire dispersé dans les publications anciennes (BRUEL 1911, OUZILLEAU, 1911, LALOUEL 1950 b) et modernes (BALLIF, 1976 pour les Pygmées d'Ouesso sur la Sangha; TANNO, 1976 pour les Pygmées du Zaïre). Pour les langues de Grands Noirs : QIL (260 phrases) Pandé — Bantou C 10 — de S. BAHUCHET; Bantou Commun (environ 2 200 mots) et Proto-Bantou (environ 600 mots) de GUTHRIE, 1967-71, et de MEEUSSEN (1969, environ 1 500 mots).

Un effort particulier a porté sur les noms de plantes et d'animaux, pour lesquels des études comparatives ont été spécialement réalisées (LETOUZEY, 1976, pour les plantes) ou sont en cours (S. BAHUCHET pour les mammifères). On a donc recueilli les noms vernaculaires cités dans la bibliographie (outre LETOUZEY, *op-cit.*, BOUQUET, 1969 et WALKER et SILLANS, 1961 pour les plantes; MALBRANT et MACLATCHY, 1949, pour les animaux.) ou obtenus sur le terrain (outre les langues déjà citées, Banda-Yangere, Bofi, Kaka, Mbimu, Gbaya, Pomo).

Ces comparaisons n'ont pas été effectuées dans une perspective de recherche d'une classification généalogique, mais pour déterminer les emprunts aux langues des Grands Noirs voisins, Oubanguiens et Bantous, et éventuellement, par le Bantou commun (BC) ou le Proto-Bantou (PB), une appartenance au stock bantou non représenté chez ces derniers. D'autre part, à l'inverse nous nous sommes efforcés d'identifier dans le vocabulaire des Grands Noirs qui nous était connu les emprunts possibles de leur part à l'Aka, étant donné les rapports d'échange et les relations existant de longue date entre eux et les Pygmées. Enfin, nous avons cherché à mettre en évidence la terminologie commune aux Aka (Bantou C 10) et aux Baka (Oubanguiens) dans une optique de recherche d'un éventuel substrat commun.

Seules les *équivalents rencontrés* figurent dans le dictionnaire, à chaque item concerné. L'exploitation et l'interprétation de ces données comparatives n'ont pas été abordées ici et donneront lieu à des travaux ultérieurs.

III. DÉTERMINATION DES PLANTES ET DES ANIMAUX

Les *déterminations de plantes* proviennent des recherches d'E. MOTTE (cf. en particulier MOTTE, 1978) ainsi que de celles de S. BAHUCHET.

Toutes les *déterminations d'animaux* viennent des travaux de S. BAHUCHET (cf. BAHUCHET, 1978 a).

Au cours des missions successives en Centrafrique, E. MOTTE et S. BAHUCHET ont réalisé de nombreuses récoltes de plantes, dans plusieurs localités (Ikoumba, Mongoumba, Bagandou, Kenga, Ndèlè et Bayanga) réunissant ainsi un herbier d'environ un millier de plantes (E. MOTTE plus de 700, S. BAHUCHET environ 300); de plus, pour un grand nombre d'arbres a été effectuée une récolte de fruits. Les herbiers d'Ikoumba et Mongoumba ont été déterminés par E. MOTTE, une faible partie de ceux de Kenga et Bagandou par S. BAHUCHET, l'ensemble des déterminations ayant été complété et revu par René LETOUZEY (Laboratoire de Phanérogamie du Muséum National d'Histoire Naturelle). Enfin, une petite partie des arbres a été déterminée sur le terrain, à Kenga, à l'aide des listes de noms vernaculaires et forestiers réalisées par le Centre Technique Forestier Tropical et le service des Eaux et Forêts de Bangui, et à l'aide du manuel forestier de LETOUZEY (1969).

Les *champignons* récoltés à Ikoumba ont été déterminés par E. MOTTE; ceux récoltés à Kenga par R. CAILLEUX (Laboratoire de Cryptogamie du Museum) et par Raymond PUJOL (Laboratoire d'Ethnozoologie et d'Ethnobotanique du Museum).

Afin de permettre une détermination scientifique, il a été effectué une collecte systématique de tous les *animaux* qui ont été à notre portée : peaux et crânes pour les mammifères, peaux d'oiseaux, serpents en liquide conservateur, insectes séchés ou en liquide conservateur, chenilles en élevage et en liquide conservateur.

Une grande partie des *grands vertébrés* a été déterminée sur place par S. BAHUCHET avec l'aide des manuels disponibles (mammifères : DORST et DANDELOT, 1972, DEKEYSER, 1955, pour les oiseaux : BOUET, 1955, DEKEYSER et DERIVOT, 1967, MACKWORTH-PRAED et GRANT, 1973, SERLE et MOREL, 1977; pour les serpents : VILLIERS, 1963). Francis PETTER (Laboratoire de Mammalogie du Muséum) a déterminé une partie des rongeurs et vérifié les noms du reste. Les oiseaux ont fait l'objet d'enquêtes particulières en 1978. S. BAHUCHET a préparé à cette fin une bande magnétique des chants de quatre-vingt six oiseaux (quinze familles différentes) de la forêt centrafricaine, chants extraits des six disques "Oiseaux de l'Ouest africain" publiés par *Alauda*, (1974-1975) et réalisés par le Dr CHAPUIS. On a fait entendre cette bande dans plusieurs campements, afin de noter les noms des oiseaux reconnus par les Aka. D'autre part, S. BAHUCHET, et Jean-Pierre HERVE (Laboratoire d'Entomologie Médicale de l'ORSTOM à Bangui) ont tendu des filets et effectué le plus grand nombre de captures possible, présentant les oiseaux vivants aux Pygmées campant à proximité. Une partie des oiseaux a donc été déterminée à ce moment par ces deux chercheurs, une autre partie avait été déterminée l'année précédente par Max GERMAIN (Laboratoire d'Entomologie Médicale, ORSTOM, Bangui), le reste enfin par S. BAHUCHET. Une partie des serpents a été déterminée par Bernard GEOFFROY (Laboratoire d'Entomologie Médicale, ORSTOM, Bangui).

La plupart des *invertébrés* a été déterminée avec l'aide de Raymond PUJOL (Laboratoire d'Ethnozoologie et d'Ethnobotanique du Muséum), tout particulièrement les chenilles comestibles. Les abeilles l'ont été par Roger DARCHEN (Station biologique des Eyzies), les orthoptères par Michel DONSKOFF (Laboratoire d'Entomologie du Muséum).

Il faut signaler qu'une partie des mammifères et des oiseaux a été déterminée sur le terrain par S. BAHUCHET, en fonction d'observations partielles des animaux (vivants ou traces, fragments de peaux), et avec interrogation des chasseurs pygmées, ceci lorsqu'il a été impossible jusqu'à présent d'en obtenir ou d'en observer des exemplaires entiers, et dans l'attente d'une confirmation d'identification.

IV. CONCEPTION GÉNÉRALE DE L'OUVRAGE

Intituler cet ouvrage "Encyclopédie des Pygmées Aka" ne correspond pas à un abus de langage ou à un artifice afin de masquer le terme "dictionnaire", mais reflète réellement notre conception globale de ce travail. Nous employons ce terme en toute connaissance de cause, en nous référant directement, et ce sans modestie, à DIDEROT et D'ALEMBERT.

Pour DIDEROT, "*Encyclopédie signifie* enchaînement des connaissances. (...) *En effet, le but d'une* Encyclopédie *est de rassembler les connaissances éparses sur la surface de la terre; d'en exposer le système général aux hommes avec qui nous vivons, et de la transmettre aux hommes qui viendront après nous* (...)" (§ *Encyclopédie*). Et pour D'ALEMBERT, dans son *Discours préliminaire*, l'ouvrage doit, comme *Encyclopédie "exposer autant qu'il est possible l'ordre et l'enchaînement des connaissances humaines; comme* Dictionnaire raisonné (...) *il doit contenir sur chaque science et sur chaque art* (...) *des principes généraux qui en sont la base, et les détails les plus essentiels qui en font le corps et la substance"*.

Ayant faites nôtres ces définitions, nous les avons adaptées aux nécessités de notre tâche. Ainsi, paraphrasant DIDEROT, voudrions-nous intituler notre livre "*Encyclopédie, ou Dictionnaire ethnographique et encyclopédique des Pygmées Aka*." Dans la mesure où il s'agit ici d'un dictionnaire en deux langues, l'entreprise comporte certaines nécessités et contraintes linguistiques, mais notre ouvrage est en dépit de cela, encyclopédique par son esprit. Ce caractère encyclopédique, "enchaînement des connaissances", est obtenu en reliant les articles les uns aux autres, pour former un *système de connaissances* sur les Pygmées. Ceci par trois moyens :

- en tête de l'ouvrage, par les *Introductions linguistiques et ethnographiques* qui forment un cadre de référence (1ère partie);
- dans chaque article, par des *renvois systématiques* aux autres articles, indiquant une liaison des matières (2ème partie);
- enfin, par les *Index thématiques* finaux, qui seront autant de lexiques spécialisés et annotés (4ème partie), l'accès au vocabulaire pygmée ayant lieu à partir du français par le lexique français-aka (3ème partie).

Comme *Dictionnaire ethnographique*, cet ouvrage doit contenir toutes les connaissances que nous avons pu réunir sur les Aka. Ainsi chaque article est-il l'oeuvre de tous les auteurs : d'une part par leur apport spécialisé (signalé par les différents paragraphes des entrées), d'autre part par des enquêtes complémentaires ultérieures (relecture pour vérification des fiches complètes sur le terrain). Les illustrations ont été conçues comme des compléments indispensables, des éléments de descriptions des articles, et non comme des ornements. Elles seront du plus grand nombre possible, provenant soit de travaux spécialisés rédigés parallèlement à l'Encyclopédie, soit des planches spécialement dessinées pour celle-ci; dans tous les cas elles seront adaptées aux nécessités du texte.

Le travail des éditeurs, multiple, a consisté à :

- assurer la rédaction finale de chaque article en intégrant toutes les informations;
- relier les articles les uns aux autres;
- renouer la chaîne par le jeu des renvois;
- rechercher la cohésion de l'ensemble;
- remplir les vides lorsque certains termes n'avaient pas été commentés, et enfin
- prévoir et choisir les illustrations.

Dans notre esprit, cette *Encyclopédie* présente l'état actuel de la langue et des techniques des Pygmées Aka de Centrafrique. Elle est conçue comme un ouvrage ethnographique puisqu'elle doit permettre de connaître, et peut-être de comprendre, le mode de vie des Aka. Nous espérons ainsi le faire entrevoir aux contemporains d'autres cultures, et le mettre en archive pour les futures générations Aka, qui ne vivront probablement plus rien de ce que nous aurons recueilli.

Ce que contient l'ouvrage

Le vocabulaire très étendu qui a été recueilli par neuf personnes différentes, dans cinq localités espacées, au cours de neuf ans d'études, recouvre la presque totalité de la culture aka. Aussi l'ensemble des articles qui forment la deuxième partie de l'ouvrage (en fait le *dictionnaire* proprement dit) nous permet-il d'envisager plusieurs plans.

En premier lieu, bien entendu, il s'agira d'une *présentation de la société*, sous tous ses aspects, c'est-à-dire aussi bien l'individu (par des mots comme àmɛ́ "moi", .tó "homme", .bèkò "cadavre", les alinéas Anthroponyme, Patronyme des différents articles, etc.), l'organisation familiale (grâce à des mots tels que .ɛ̀tó "épouse", .ánà "enfant", ngóé "mère", etc.), politique (.mbàì "ancien", .lángɔ̀ "camp" .lòngà "mariage", .kònzà "propriétaire", etc.) ou religieuse (par des termes désignant les diverses cérémonies, .ngàngà "devin-guérisseur", .díò "esprit", etc.). Il y est aussi exposé ce qui permet la survie de la société, c'est-à-dire son milieu technique, dans sa totalité (aussi bien les actions, par des verbes comme pí- "prendre", wɔ̀ng- "ramasser", sìp- "cuire", etc., que les objets tels .bàkò "hache", .ébé "couteau", .kɔ̀ngɔ́ "sagaie", etc.). Nous avons très largement développé cet aspect par des textes explicatifs et par des illustrations, et précisément mis ce milieu technique en articulation avec le milieu naturel (en particulier par l'alinea Technologie des articles). Enfin, certaines entrées permettent de présenter la façon dont les Aka eux-mêmes *conçoivent* le monde, à partir des termes et des expressions mêmes de leur langue. D'autre part, les notions qu'ils ont de la réalité sont signalées dans les articles par l'alinea Crédence.

En second lieu on trouvera une description du monde aka, tant du *milieu humain* que du *milieu naturel*. Le milieu humain correspond à la manière dont ils se perçoivent eux-mêmes par rapport aux autres (cf. les paragraphes .mbɛ́nzɛ́lɛ́, .áká, .mbèngà "pygmée", etc.), comment ils perçoivent les autres (cf. .íló "villageois", .mbókà "village", etc.) et comment ils vivent avec les autres (.kònzà "propriétaire", .mbólé, .tòlì "biens d'échange", et l'alinéa Artisanat des articles). Le vocabulaire lié à la nature est très important et recouvre bien entendu animaux et végétaux, mais aussi l'espace et le temps, les formes naturelles (climat, éléments, reliefs), et les milieux (forêts et sous-bois). Nous avons cherché à montrer le point de vue aka (crédences, classifications, dénominations et explications aka), les utilisations, mais nous nous sommes efforcés de présenter, parallèlement, la "réalité objective" pour chaque article, c'est-à-dire en fait la vision selon la science occidentale.

Enfin, l'ensemble de l'ouvrage montre *la langue dans son fonctionnement*. Pour les termes isolément, sont indiqués l'usage des classes nominales, les dérivations nominales et verbales, les compositions, etc.; les catégories grammaticales sont systématiquement mentionnées; dans la mesure du possible la localisation géographique est signalée. Le fonctionnement de la langue est illustré par des termes en situation dans le discours (citation de phrases, actualisation des formes verbales dans la conjugaison, morphologie, etc.) mais également par la présentation des termes dans des contextes différents où l'on s'efforce de cerner au plus près les différents champs sémantiques qu'ils recouvrent, ainsi que ceux qui leur sont associés (synonymie, antonymie, familles de mots, noms spécifiques renvoyant au nom générique, etc.).

Le *DICTIONNAIRE* proprement dit, ayant le caractère encyclopédique que nous venons de décrire, contiendra tous les renseignements dont nous disposons sur les Aka, de ce fait il sera d'un volume nécessitant une *publication par fascicules*, à la fois pour en assurer la maniabilité et pour ne pas retarder indéfiniment sa parution.

Nous avons déjà signalé que l'ouvrage dans son ensemble aurait quatre parties :

1er livre : la présente Introduction
2ème livre : Dictionnaire ethnographique aka-français
3ème livre : Lexique français-aka
4ème livre : Index thématiques.

L'ensemble, qui nécessitera plusieurs années pour être achevé et publié (dans la mesure où un dictionnaire, en tant que catalogue d'une langue vivante, puisse jamais être achevé !) sera éventuellement suivi de fascicules d'études thématiques sur des catégories sémantiques particulières, ce qui formerait en quelque sorte les Notes du dictionnaire.

LE VOLUME FRANCAIS-AKA permettra de retrouver toutes les entrées aka, et comportera en outre des renvois systématiques, pour chaque terme aka cité, aux différents sens français du-dit terme, ce qui permettra d'en bien cerner les champs sémantiques. Ainsi le lexique ne sera-t-il pas seulement un "lexique de retour", bien qu'il ne comporte aucun exemple.

LE VOLUME THEMATIQUE sera réalisé en fonction d'un découpage de la réalité en grands domaines : monde naturel (corps humain, animaux, végétaux, milieux, etc.), société, technologie, monde surnaturel et musique, etc. A l'intérieur de certaines catégories, les concepts seront présentés, dans la mesure du possible, en fonction des propres classifications des Aka (ainsi pour les animaux et les plantes, par exemple). Il mettra également en évidence, par des regroupements, les domaines spécifiques d'application; par exemple, on présentera une liste commune de toutes les plantes servant à la fabrication des manches d'outils... Ce volume aura donc une valeur documentaire certaine, et tout en restant un Index - c'est-à-dire que les termes ne seront pas accompagnés de descriptions ou d'explications - il complétera et permettra l'utilisation du Dictionnaire. Grâce à ces Index, employés en même temps que les renvois systématiques d'un article à un autre, on utilisera pleinement le dictionnaire comme une monographie très détaillée sur les Pygmées aka, et l'on extraira de l'ensemble des renseignements précis sur chaque composant de la société et de sa vie.

UNE PAGE DU DICTIONNAIRE AKA-FRANÇAIS

cordages et de tresses.
.ndɔ̀pɔ̀ (5 /2) "ceinture-ficelle"
.pátá (3/4) "tresse plate en raphia"
.písúlá (3/4) "tresse ronde à deux ou quatre brins"
.pɔ̀ndɔ̀ (3/4) "tresse ronde à quatre brins"
.ngbóngbòló (1/2) "ceinture sp."
.ngóndò (9/8) [Iko] } "ceinture du devin pour la danse"
.ngólò (9/8) [Mga]
.yàkà (5/6) "ceinture de perles" (ornement plutôt qu'objet fonctionnel, portée en plus du support de pagne)

Celle qui est considérée comme la plus raffinée et la plus décorative est § .pɔ̀ndɔ̀, mais fonctionnellement § .kɔ̀dí, la liane non travaillée, suffit.

.píɲέ.píɲὲ (N : 5/6 = è.píɲέ.píɲὲ / bè.píɲέ.píɲὲ) [Ka] [Bay]
♦ vessie
VAR .ésò.bíɲὲ ~ .ósò.bíɲὲ [Mga]
≅ P .mìɲε̄ (ø/bà) "urine"
⊕ .kìdí

*pík- (V)
♦ (remuer la tête)
D píkìs-

píkìs- (Vd-t < *pík-)
♦ remuer la tête horizontalement
• nà mú-*píkísέ* mò.sókò "je remue la tête de gauche à droite"
o Ce mouvement fait avec vigueur et rapidité exprime un refus catégorique.
§ békúmìz-

.pìkà (N : 5/6 = è.pìkà / bè.pìkà < ? pì "noir")
♦ 1. nuit (période sans jour; après 18 h)
• búsὲ bíá è.*pìkà* "nous craignons la nuit" (QIL 45)

♦ 2. nuit noire, nuit sans lune, nouvelle lune
§§ .wɔ́dì ~ .wέdì
⊕ .sóngé

♦ 3. obscurité
o Une fois la nuit tombée, le Hibou §.kùngù, hulule et l'oiseau §.nzángà chante; le Daman § .òká et l'Anomalure § .bàmà crient, la Panthère §§ .mbòngó, .ngòì feule, les grenouilles § .lɔ̂ε font leurs cris de clochettes; toute la nuit le Grillon § .zεzέ chante.
Le milieu de la nuit, c'est § .tókpé "minuit" [Ka].
SYN .bùtú
≅ P .pítà "obscurité"

.píkó (N : 3/4 = mò.píkó / mè.píkó) ☆
♦ 1. hutte hémisphérique
o Type d'habitation uniquement réalisée par les femmes; composée d'une armature de bois souple, § .tɔ́ndɔ̀, recouverte de larges feuilles en tuilage.
Habitation spécifique de jeune(s) fille(s) célibataire(s); lorsqu'elle abrite toute autre personne (veuve, famille conjugale...), la hutte est appelée § .bɔ́kɔ̀.
SYN .bɔ́kɔ̀[2] [Mga], .bɔ́kɔ̀[6] [Bg-Ka], .kúmbέ [Bg]
VAR .kúmbέ [Bay], .kúmbε [Nd]

V. CONCEPTION DU DICTIONNAIRE AKA-FRANCAIS

Ce que nous exposons ici est le "mode d'emploi" du dictionnaire, allant de l'exposé des principes retenus à la liste des conventions appliquées.

1. Options linguistiques

La présentation des items a été prévue selon l'ordre phonologique propre à la langue et non selon un ordre alphabétique arbitraire inspiré de l'alphabet latin ou grec. Ce choix qui peut rebuter certains utilisateurs nous semble se justifier parfaitement par le respect que l'on porte à l'originalité et à la spécificité de chaque langue. Pour faciliter la consultation et familiariser le lecteur avec l'ordre phonologique, une fiche volante de rappel est jointe à l'ouvrage. La phonologie, qui sera présentée en résumé dans le chapitre 4 ci-dessous, a fait l'objet d'une étude approfondie (CLOAREC-HEISS et THOMAS, 1978).

La disposition suivie est donc celle des ordres et des séries, pour les consonnes, c'est-à-dire p b mb m v (les labiales)
t d nd n l (les dentales), etc.
les voyelles suivent l'ordre du triangle vocalique : i e ɛ a ɔ o u, et pour chaque timbre vocalique la succession des hauteurs tonales du re-

EXEMPLE D'ARTICLE

indication de localité (radical valable pour toute l'aire aka)

catégorie grammaticale (Nominal)

indice de classe nominale

indication de localité (forme valable pour toute la Lobaye)

.pɛ̀ndí * (N : 5/6 = è.pɛ̀ndí / bè.pɛ̀ndí) *

♦ panier à miel, panier à viande de chasse

annonce un paragraphe explicatif

o Armature de liane ligneuse, tressée le plus souvent de lanières d'écorce et garnie de feuilles pour en assurer l'étanchéité. Fixé au bout d'un cordage, il sert à descendre les rayons de miel collectés dans la ruche en haut de l'arbre.

De facture rapide et temporaire, il est tressé au pied de l'arbre où l'on récolte le miel et jeté ensuite. Seule la récolte avec escalade nécessite la construction de ce panier.

De grands paniers du même type sont utilisés pour ramener la viande de chasse au campement. Ils sont portés avec un bandeau frontal d'écorce.

Les lianes servant à l'armature (env. 3 cm ø) sont §§ .kúlùlú, .lɔ̀ndɔ̀, .mbínzò; l'écorce de tressage est celle de § .túngà; la corde de halage (d'une quarantaine de mètres de long) § .póngá est en §§ .kúlùlú ou .púa.

se référer à ces termes

(N : 5B/8 = pɛ̀ndí / mà.pɛ̀ndí)*

premier sens — ♦ 1. panier à miel, panier à viande de chasse

• à mú-lèbá *pɛ̀ndí* "il tresse un panier à miel" (7.12)

• yíkùà yá mù-lɔ́ndà, ná lèbɛ̌ lɔ́ *pɛ̀ndí* "la hotte est pleine, il faut maintenant que je tresse un panier" (12.103-104)

indique des exemples linguistiques

• ndé.bó búnɛ́ lèbàkà, à bɛ̀ dî mè.sèké míèté, nà kànâ lɔ́ yɛ̌ kà-ó-dù-yà-*pɛ̀ndí* "tressez donc un panier puisqu'il n'y a pas de seau à miel, pour que je le dépose dedans" // c'est | que / vous / tressez # il / est / d'abord # le seau / c'est pas # je / pose + à / maintenant / lui / seulement | à | le dedans | de | le panier // (14.247-248)

• ó-ngó-màngá, bâ kɔ́tá *pɛ̀ndí* ndé kɔ́tɛ́ "à toute vitesse, ils tirent le panier (pour le remonter)" (14.265)

référence du texte (14) et de la phrase (265)

§§ .kɔ̀bɛ́, .sèké

second sens

♦ 2. paneraie

= NG .pɛ̀ndí (è/bì)
= B pɛ̀ndī
= NGB pɛ̀ndí } "hotte de chasse ou de pêche de facture provisoire"
= MZO pɛ̀nzí
⊕ .zɛ̀mɛ́

termes connexes, s'y référer pour un complément d'information

éléments pour la comparaison avec les langues voisines

article de référence, récapitulatif

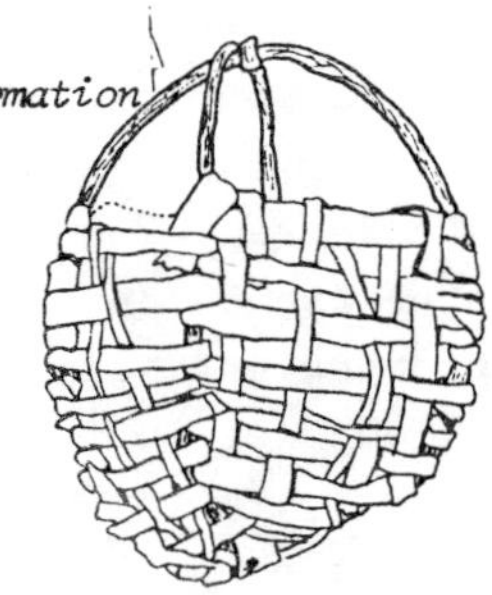

gistre bas vers le haut et des tons ponctuels vers les tons modulés : ì í ǐ î, etc. Les phonèmes marginaux, bilabiales et labiovélaires vibrantes, ont été insérés après la non-vibrante du même ordre : p, P̂; b, B̂; kp, K̂P; gb, ĜB.

S'agissant d'une langue bantoue où la morphologie joue un rôle considérable, nous avons choisi de présenter chaque terme sous sa forme radicale, à savoir dépouillée des préfixes de classe, en ce qui concerne les Nominaux et leurs déterminants, des modalités de la conjugaison, en ce qui concerne les Verbaux, notamment. La catégorie grammaticale (catégorie du discours ou catégorie de syntaxème) est systématiquement indiquée sous une forme abrégée, par ex. N (Nominal), V (Verbal), A (Adjectival), Nm (Numéral)... la liste de ces abréviations est donnée ci-après (chapitre 4). Le caractère simple, dérivé ou composé de l'item figure au niveau de l'indication de la catégorie : Vd (Verbe dérivé), Nd (Nom dérivé), Nc (Nom composé), N ou V signifiant "terme de base".

.N V-

Pour les Nominaux, présentés sous leur forme radicale (précédée d'un point), les classes nominales, par paires constituant un genre, sont indiquées dans la numérotation définie pour l'aka et non selon celle qui est en usage pour l'ensemble des langues bantoues, considérant que le système de classification nominale est aussi propre et spécifique à chaque langue que son système phonologique (THOMAS, 1981). Le terme, avec ses indices de classes figure donc après la racine sous sa forme usuelle :

ex. .pɛ̀tɛ̀ (N : 7/8 = dì.pɛ̀tɛ̀ / mà.pɛ̀tɛ̀) "arbre sp."

.sɔ́mbɔ̀-.á-máì (Nc : 3/4 = mò.sɔ́mbɔ̀-wá-máì / mè.sɔ́mbɔ̀-míá-máì) "arbre sp., *Irvingia smithii*"

Bien que pour les termes à initiale vocalique il y ait amalgame, et que la forme radicale extraite ne soit jamais rencontrée telle dans le discours, c'est sous cette forme abstraite que nous avons fait figurer l'information pour assurer l'homogénéité de la présentation, puisque c'est toujours sous le radical que nous avons décidé de la faire figurer; cependant pour permettre de retrouver aisément le radical, les formes singulier et pluriel amalgamées font l'objet d'une entrée :

ex. .óbóbó (N : 5/6 = yóbóbó / bíóbóbó) "clairière"

.ɔ́sɔ̀ (N : 3/4 = mɔ́sɔ̀ / míɔ́sɔ̀ ~ mésɔ̀) "type de battue"

.éngɛ̀ (N : 3/4 = móngɛ̀ / míngɛ̀) "Mangouste à queue blanche"

bíébé (N : 6 pl. / (sg.5, yébé); .ébé) "couteaux"

pètěngǎn- (Vd-it < *pètěng- < pèt-)
♦ 1. (i) s'en retourner, repartir à nouveau
• bá mù-*pètěngànà* nà-mè.sókò-míábɔ́ "ils s'en sont tous retournés d'eux-mêmes" (11.66)
SYN bùl-², mbàlǎm-, sú-¹, súǎk-¹, zèng-, zóngǎn-, ɲàm-
ANT pèt-

♦ 2. (t) se métamorphoser
• nà mú-*pètěngánà* nzɔ̀kù "je me suis métamorphosé en éléphant"
SYN kùndǔǎn-

pètěngǎɲ- (Vd-t < *pètěng- < pèt-)
♦ tourner
• nà mú-*pètěngáɲɛ́* kíngó "j'ai tourné la tête (le cou)"
§ sékǒǎn-

.pètà (N : 7/8 = dì.pètà / mà.pètà) [Ka-Bg]
♦ groupe de chenilles (spp.), agglomérées le long d'un tronc d'arbre
o Les chenilles, §§ .nzámbà, .mbábángá, descendent le long de l'arbre nourricier, à chaque mûe, en fonction de la nouvelle lune; une descente-remontée dure quatre jours. Il y a ainsi trois ou quatre mûes, puis les chenilles, au dernier stade de leurs transformations, tombent des hautes branches.
On marque (§ .kɔ̀dí⁸) un arbre où l'on a trouvé un § .pètà.
~ .kpétà
⊕ .kongó

pì (AQ)
♦ noir
• sòmbá vâsé ndé bó, bó-*pì*, sòmbá bó-*pì* "regardez par terre comme c'est noir, tout est noir de chenilles" // regarde / la terre # c'est / ainsi / que | noir # regarde / que | noir // (14.448)
SYN .víndò
ANT .púmbù, .mbùnzú, .tánú
≅ NGB bī
≅ B bìbī "noir"
≅ PB *.pìipí "noirceur"
D? .pìkà

pìà.pìà.pìà (AV)
♦ vite, à pas pressés, rapidement
• nâ yǎ ngɔ̂.nɛ́ *pìà.pìà.pìà*, nâ gímà "je suis venu de là-bas rapidement et j'arrive" (14.100)
= B pīapīā "rapidité"
§§ pùù, vùù

Sous le même radical figurent les différents genres dans lesquels il peut s'insérer (d'après les informations recueillies) :

ex. .bèmbò (N : 3/4 = mò.bèmbò / mè.bèmbò) "mur, cloison, paroi" (spécifique)

(N : 9/8 = bò.bèmbò / mà.bèmbò) "mur, cloison, paroi" (en général)

.pɔ̀lɔ́ (N : 1/2 = pɔ̀lɔ́ / bà.pɔ̀lɔ́) "Galago de Demidoff"

(N : 9 = bò.pɔ̀lɔ́) "groupe de filiation patrilinéaire : les 'Galago'"

Pour les Verbes est indiqué le fonctionnement transitif ou intransitif (V-i) (V-t) (V-it) et dans le cas d'une double possibilité ce caractère figure au niveau de son implication sémantique :

ex. pí- (V-it)

1. (t) prendre, saisir, attraper
2. (it) tenir, maintenir, garder, continuer
3. (i) maintenir le mouvement, le tempo (mus.)

Les morphèmes à accord de classe sont présentés d'une part sous leur forme radicale abstraite (ils sont généralement à initiale vocalique) et, sous cette entrée, sont indiquées toutes les réalisations en fonction des classes nominales. D'autre part, pour chacune de ces réalisations, une entrée a été ménagée :

ex. .ɛ́ní (MP$_3$-3°pl.) "leur, leurs; le-la-les leur (s)"

classe 1. wɛ̌ní ~ wɛ̀ní 2. bɛ́ní

3. wɛ́ní 4. míɛ́ní ~ mɛ́ní

5. yɛ́ní 6. bíɛ́ní ~ bɛ́ní etc.

wɛ́ní (MP$_3$-3°pl. : 3; .ɛ́ní) "leur; le-la leur"

Il en va de même pour les **Adjectifs** à initiale vocalique, tandis que ceux à initiale consonantique ne se rencontrent qu'à la forme radicale, sachant qu'ils sont aptes à supporter tous les préfixes nominaux de la langue :

ex. .púmbù (Ad < púmb-) "blanc, pâle, clair"

.íké (A) "nombreux, abondant"

classe 1. mǔké 2. bíké

3. múké 4. míké

5. yíké ~ íké 6. bíké etc.

Les Adverbes-Impressifs dérivés par l'adjonction d'un préfixe é. sont représentés à la fois au radical et à leur réalisation :

ex. pù (AVId = é.pù < pá-) "débouchant, survenant"

é.pù (AVId; .pù) "débouchant, survenant"

RADICAUX

pètěngɲ- (Vd-t < *pètěng- < pèt-)
♦ tourner
• nà mú-*pètěngáɲɛ́* kíngó "j'ai tourné la tête (le cou)"
§ sékǒǎn-

.pètà (N : 7/8 = **dì.pètà / mà.pètà**) [Ka-Bg]
♦ groupe de chenilles (spp.), agglomérées le long d'un tronc d'arbre
○ Les chenilles, §§ .nzámbà, .mbábángá, descendent le long de l'arbre nourricier, à chaque mûe, en fonction de la nouvelle lune; une descente-remontée dure quatre jours. Il y a ainsi trois ou quatre mûes, puis les chenilles, au dernier stade de leurs transformations, tombent des hautes branches.
On marque (§ .kɔ̀dí[8]) un arbre où l'on a trouvé un § .pètà.
~ .kpétà
⊕ .kòngó

DÉRIVÉS

^{2}pím- (V-t)
♦ suivre, poursuivre
• nà *pímá* pàé "je poursuis l'homme" (516)
SYN pàng-, bèng-, tòngǎm-
§§ pìnd-, bátěl-, bàtǎm-, bàkǎm-, nàng-
D .pímèlɔ̀

pímǐz- (Vd-t < ^{1}pím-)
♦ creuser (autour de qqch. avec un instrument)
• nâ *pímízɛ̀* yɔ́kɔ́ "je creuse autour de l'igname"

.pímèlɔ̀ (Nd 9/8 = **bò.pímèlɔ̀ / mà.pímèlɔ̀** < *pímě l- < ^{2}pím-)
♦ poursuite (516x)
SYN .pàngí
= NG .kímɛ̃lè (è / bì)

Les Numéraux figurent sous leur forme cardinale au radical et sous la forme ordinale.

.pí

Le fait que les formes présentées soient des **radicaux** est signalé par la présence d'un *point* devant les Nominaux, Adjectivaux, Numéraux, etc., ainsi que tous les morphèmes, et par celle d'un *tiret* après les Verbaux. Une forme usuelle ou invariable ne comporte ni point, ni tiret.

ex. .pósó (N : 1/2 = pósó / bà.pósó) "coiffe de danse"
.tánú (Ad < tán-) "rouge"
.tánò (Nm) "cinq"
pót- (N-it) "essayer"
bìndòló (N : 6 pl./(sg.5, yìndòló); .ìndòló) "fourmi sp."
tàbàngà (AV) "bras et jambes écartés"

Nc
- VD

Pour les composés, généralement Nominaux, sont indiquées les paires de classes des deux termes du composés (ou davantage si la compositon comprend plus de deux termes variables) ou du seul terme initial variable :

ex. .bàì-.á-.kúdù (Nc : 7-1/8-2 = dì.bàì-zá-kúdù / mà.bàì-má-bà.kúdù; / foie | de | Tortue /) "herbe sp."
.ángɔ̀-.á-è.bámbò (Nc : 7/8 = zángɔ̀-dá-è.bámbò / mángɔ̀-má-è.bámbò; / feuille-remède | de | la migraine /) "arbre sp."

Lorsque le sens des termes de la composition est connu, il figure après les réalisations.

Les dérivés relèvent de différentes catégories grammaticales : Nominaux, Verbaux, Adjectivaux, Adverbaux-Impressifs. Pour les Verbaux, qui sont à l'origine de la plupart des cas de dérivation, au radical du terme de base figure la liste des termes qui en sont dérivés :

ex. pàng- (V-t) "approcher"
D pàngǔ̽-, pàngǎ̽k-, pàngǐz- (Verbaux dérivés)
.pàngí, .pàngà, .pàngá (Nominaux dérivés).

A l'entrée du dérivé il est fait référence au(x) terme(s) de base :

ex. békǎ̽mǎ̽k- (Vd-i < békǎ̽m- < bék-) "avoir dormi longtemps"
.búkámɛ̀ (Nd : 5/6 = è.búkámɛ̀ / bè.búkámɛ̀ < búkǎ̽m-) "à plat ventre la tête dans les mains"
búkamǐsɛ̽k- (Vd-it < búkǎ̽mǐs- < búkǎ̽m- < búk-) "coucher sur"

FORMES POSTULÉES

*pémb- (V)
◇ (descendre quelque chose en tournant)
D pémbǒ-

.pímèlɔ̀ (Nd : 9/8 = bò.pímèlɔ̀ / mà.pímèlɔ̀ < *pímɛ̌l- < [2]pím-)
♦ poursuite (516x)
SYN .pàngí
= NG .kímɛ̌lè (è / bì)

LOCALITÉS

.pìmbò (N : 3/4 = mò.pìmbò / mè.pìmbò) ☆
♦ 1. dos, reins, bas du dos
○ Fréquemment le siège de maux et douleurs divers; objet de soins courants [Bg].
SYN .kàlàkàlà, § .ngɛ̀ì, .gbógbóló
§§ .bɛ̀kɛ̀, .kɔ́nzɔ̀, .kàlé
⊕ .nzô

♦ 2. arbuste (sp.) [Iko]
Tricalysia oligoneura K. SCHUM., Rubiacée
□ Petit arbuste; jeunes rameaux, stipules, pétioles pubescents; feuilles minces, elliptiques (16 x 6cm), acuminées, base courtement cunée, stipules acuminés, pétiole court; cymes contractées; fruit orangé, globuleux (Ø 5-7mm).
○ Méd. : *ost.rhum.* (maux de reins, lumbago) = une pommade de charbons de *tige* sur des scarifications à l'endroit douloureux.
= P .pímbò (mò / mì) "reins"
= B mòpìmbò "muscles des reins"
§ .kàkà

Pour les formes verbales, seul le ton de la syllabe radicale est pertinent et marqué; le ton des suffixes de dérivation est déterminé par celui de la modalité suffixée et indiqué par une croix, qui signifie "ton homorganique".

Les formes de bases qui n'ont pas été rencontrées à ce stade des enquêtes mais peuvent être postulées en fonction du système de dérivation de la langue, sont indiquées, précédées d'un astérisque.

ex. *búm- (V) (éclater, crever, percer - *actif*)

D búmuͯ- (Vd)

*díb- (V) (se laver, se mouiller)

D díbiͯl- (Vd), .díbá (Nd)

De même lorsque des formes intermédiaires de la chaîne de dérivation n'ont pas été rencontrées :

ex. bímbiͯzaͯk- (Vd-t < *bímbiͯz- < bímb-) "faire gonfler, faire enfler (habituel)"

[Mga]

Pour chaque terme, **la localité de collecte** a été indiquée : si aucune mention ne figure il s'agit d'un terme collecté à Mongoumba pour lequel il n'a pas encore été effectué de vérification dans d'autres localités; si la mention [Mga] figure, cela signifie que le terme valable à Mongoumba a des équivalents ailleurs. Les autres localités sont indiquées de la même façon entre crochets par des initiales conventionnelles (liste ci-dessous). Toutes les localités où le terme est attesté sont mentionnées; un terme suivi d'une indication de lieu autre que [Mga], pour lequel on ne donne pas de variante n'a pas fait l'objet d'une enquête de contrôle ailleurs :

ex. .pàkàpòkò (N : 1/2 = pàkàpòkò / bà.pàkàpòkò) [Mga] "poumon"

VAR .ngbɔ́ngbɔ́ [Ka]

.pòngí (N : 5/6 = è.pòngí / bè.pòngí) [Bg] "suicide par pendaison"

(Terme recueilli à Bagandou, pour lequel aucune équivalence n'a pu être recueillie ailleurs à ce jour, ce qui ne préjuge pas de son inexistence)

Lles termes qui ont été attestés dans toutes les localités de Lobaye sont signalés par une étoile blanche (☆), ceux qui ont été recueillis dans toutes les localités d'enquêtes, de Lobaye et de Sangha, sont marqués d'une étoile noire (★).

SENS RÉPERTORIÉS

.pìmbò (N : 3/4 = mò.pìmbò / mè.pìmbò) ☆
♦ 1. dos, reins, bas du dos
○ Fréquemment le siège de maux et douleurs divers; objet de soins courants [Bg].
SYN .kàlàkàlà, § .ngɛ̀ì, .gbógbóló
§§ .bɛ̀kɛ̀, .kɔ́nzɔ̀, .kàlé
⊕ .nzô

♦ 2. arbuste (sp.) [Iko]
Tricalysia oligoneura K. SCHUM., Rubiacée
□ Petit arbuste; jeunes rameaux, stipules, pétioles pubescents; feuilles minces, elliptiques (16 x 6cm), acuminées, base courtement cunée, stipules acuminés, pétiole court; cymes contractées; fruit orangé, globuleux (Ø 5-7mm).
○ Méd. : *ost.rhum.* (maux de reins, lumbago) = une pommade de charbons de *tige* sur des scarifications à l'endroit douloureux.
= P .pímbò (mò / mì) "reins"
= B mòpìmbò "muscles des reins"
§ .kàkà

INDICATIONS SÉMANTIQUES

.pìmbò (N : 3/4 = mò.pìmbò / mè.pìmbò) ☆
♦ 1. dos, reins, bas du dos
○ Fréquemment le siège de maux et douleurs divers; objet de soins courants [Bg].
SYN .kàlàkàlà, § .ngɛ̀ì, .gbógbóló
§§ .bɛ̀kɛ̀, .kɔ́nzɔ̀, .kàlé
⊕ .nzô

♦ 2. arbuste (sp.) [Iko]
Tricalysia oligoneura K. SCHUM., Rubiacée
□ Petit arbuste; jeunes rameaux, stipules, pétioles pubescents; feuilles minces, elliptiques (16 x 6cm), acuminées, base courtement cunée, stipules acuminés, pétiole court; cymes contractées; fruit orangé, globuleux (Ø 5-7mm).
○ Méd. : *ost.rhum.* (maux de reins, lumbago) = une pommade de charbons de *tige* sur des scarifications à l'endroit douloureux.
= P .pímbò (mò / mì) "reins"
= B mòpìmbò "muscles des reins"
§ .kàkà

DONNÉES COMPARATIVES

.pímɛ̀lɔ̀ (Nd : 9/8 = bò.pímɛ̀lɔ̀ / mà.pímɛ̀lɔ̀ < *pímɛ̌l- < *pím-)
♦ poursuite (516x)
SYN .pàngí
= NG .kímɛ̃lɛ̀ (è / bì)

♦1.

A l'intérieur de chaque article, il y a une présentation du ou des différents **sens répertoriés**. Ces entrées sémantiques sont numérotées (pour les renvois éventuels) ; elles sont ordonnées du sens originel au sens dérivé, ou du plus simple au plus complexe, ou du plus concret au plus abstrait :

ex. .pàé (N : 1/2 = pàé / bà.pàé)*

♦ 1. mâle
♦ 2. homme (humain mâle)
♦ 3. homme (catégorie sociale)
♦ 4. homme (élément masculin du campement)
♦ 5. époux (de fait ou potentiel)
♦ 6. fruit à graine double du §.páyó
♦ 7. ergot de la sagaie-harpon §.bòngò

.bùmbà (N : 5/6 = è.bùmbà / bè.bùmbà)

♦ 1. plante sp.
♦ 2. remède de clairvoyance
♦ 3. remède (n.gén.)

.tùtù (N : 5_B/8 = tùtù / mà.tùtù)

♦ 1. intérieur, dedans
♦ 2. chambre
♦ 3. place, endroit, emplacement *(centripète)*
♦ 4. raison, cause, sens profond

Pour chaque sens, nous avons recherché une définition aussi simple et ramassée que possible qui est explicitée, si nécessaire, par un texte de dimension et de complexité variables.

VAR

Chaque item a fait l'objet d'une **recherche sémantique et formelle**. Ainsi sont indiquées les variantes libres à l'intérieur d'un même parler (~), les variantes locales ou dialectales (VAR). D'autre part des recoupements systématiques ont permis de faire figurer synonymes (SYN), antonymes (ANT), sens voisins (§§).

Pour la mise en évidence des phénomènes de **contacts de langues** sont indiquées, à la fin des articles, les langues voisines où des termes identiques ou semblables ont été repérés.

INDICES DE RÉFÉRENCE DES DISCOURS

.pímèlɔ̀ (Nd : 9/8 = bò.pímèlɔ̀ / mà.pímèlɔ̀ < *pímě̌l- < ²pím-)
♦ poursuite (516x)
SYN .pàngí
= NG .kímẽlè (è / bì)

pás- (V-t)
♦ entourer, faire le tour, faire passer autour
• *pásɛ́* àmɛ́ mókɔ̀ "fais-moi passer (autour de l'arbre) la corde de grimpage" (Ch.16.64)
= F "passer" ?
§ yɛ̀ng-

pákǎn- (Vd-t < pák- < pá-) [Bg]
♦ aller trouver, se rendre (chez), être arrivé (chez)
• ɔvɛ̂ *pákánɛ́* mò.vɔ́kɔ́-ngàngà, bá kì́á ɔvɛ́ màngà bó "es-tu allé trouver un autre guérisseur pour qu'on te fasse un remède?" (AE, .sómbá)
• mbɛ bo.si boá *pákáná* kà-bóá-bò.sómbá, kà-bóánzò-bóá-è.kɔ́-tù-bô "tandis que celle qui (la maladie) m'est arrivée, c'est seulement la maladie des bronches, c'est seulement celle de la toux" // comme / la celle qui || elle / est arrivée / seulement | celle de | la poitrine / seulement | cette | de | la toux | cette // (AE, .sómbá)

.pàkàlà (N : 1/2 = pàkàlà / bà.pàkàlà)* [Nd]
♦ 1. personne, individu, quelqu'un, chacun
• kè.ndé *pàkàlà* kà-ndòngì kò "voilà une personne vraiment brave" (10.233)
• mà.salo e-kabɛ *pàkàlà* "qu'on donne sa part à chacun" (12.236)

.pí̀à (N : 5B/8 = pí̀à / mà.pí̀à) [Bay]
♦ proximité > près de
• mà.páká má zè mú-*pí̀à*-húmà "il y a des ordures près de la case" (QIL 68)
• à zɛ́ mú-*pí̀à*-móyá "il est près du feu" (QIL 206)
• à zɛ́ mò.sìkì *pí̀à*-kádí-wɛ̀í "il est assis près de son frère" (QIL 209)
VAR .kpɔ́lɔ̀kɔ́ ~ .kpɔ̃̀kɔ́ [Mga]

(QIL 58)

Dans la mesure du possible, un emploi dans le discours illustre le terme traité. Chaque phrase citée porte un indice de référence par rapport à l'ensemble du corpus :

Pour Mongoumba :

numéro simple : 423 - Entrée n°423 du QEX (Questionnaire d'Enquête Extensive)

Ch. 22-133 - Phrase n°133 du Chant n°22

14-162 - Phrase n°162 du Récit n°14

Pour Bagandou et Kenga :

la même numérotation précédée d'initiales renvoie aux textes recueillis par le chercheur concerné :

AE. bà̀ì 16-17 - Phrases n°16-17 du texte recueilli par AE sur la notion § .bà̀ì

Pour Bayanga :

QIL + numéro : QIL 170 - Phrase n°170 du QIL (Questionnaire d'Inventaire Linguistique)

Chaque phrase citée est traduite intelligiblement, le terme illustré y figure en italique; une traduction mot à mot, balisée grammaticalement (voir ci-dessous fin du chapitre 4), éclaire et précise les énoncés complexes.

La succession des termes dans le dictionnaire est donc fondée sur l'ordre phonologique, mais lorsque celui-ci ne suffit plus, dans le cas des homonymes, des options ont été prises à partir de critères morphologiques et catégoriels.

Ainsi le classement est effectué d'abord par catégories grammaticales, les lexèmes figurant en premier, puis les morphèmes. Pour les lexèmes, le Verbal est toujours en premier (il initie la dérivation), puis le Nominal qui représentent à eux deux la base du vocabulaire en proportion; les autres catégories de syntaxèmes sont rangées selon un ordre souvent arbitraire indiqué dans la liste des abréviations (fin du chapitre 4). Toutefois, dans la présentation des morphèmes, des critères de dérivation président au choix de la succession dans le dictionnaire; ainsi :

bá. (IN : 2 (ac.) < bà.), préfixe nominal de la classe 2, forme amalgame avec les différents syntaxèmes grammaticaux D, MP, Dt qui suivent; il précède donc :

bá (D : 2 ; .á), Démonstratif cl. 2, qui supporte le préfixe nominal bá. et précède

bá (MP_1 : 2 < bá D), Modalité Personnelle cl. 2, qui est issue de bá (D), puis

OPTIONS THÉMATIQUES

.pɛ̀ndɛ̀ndɛ̀ (N : 3/4 = mò.pɛ̀ndɛ̀ndɛ̀ / mè.pɛ̀ndɛ̀ndɛ̀) ☆

♦ arbre (spp.) (l'individu)

1 *Irvingia* cf. *wombulu* VERM., Irvingiacée [Mga][Ka]

□ Grand arbre de forêt, de préférence le long des rivières.

2 *I. smithii* PIERRE ex ENGL. [Iko]

□ Petit arbre de bord de rivière; feuilles ovales, acuminées, base arrondie, glabres; fruits rouges, oblongs, ellipsoïdes (L 4-5cm).

o Acq. : *collecte* = occasionnelle.

o Expl. : *conservation* = l'*amande* décortiquée, grillée, puis pilée, réduite en pâte, est mise à sécher; le pain § .bìsì est gratté au-dessus du plat après la cuisson;

échange = le pain séché est échangé auprès des villageois.

o Tech. : *gén.* (glu)

o Alim. : *cond.* (assaisonnement) = l'*amande* oléagineuse.

(N : 5B/8 = pɛ̀ndɛ̀ndɛ̀ / mà.pɛ̀ndɛ̀ndɛ̀)

♦ fruit complet de l'*Irvingia* (pulpe, coque et amande)

VAR[2] .sɔ́mbɔ̀-.á-mâì [Mga]

→ Inconnu à [Nd-Bay]

.pàmbí (N : 3/4 = mò.pàmbí / mè.pàmbí)*

♦ 1. arbre (spp.)

1 *Scottelia orientalis* GILG, Flacourtiacée [Ka]

□ Arbre moyen de forêt.

2 *Lindackeria schweinfurthii* GILG, Flacourtiacée [Mga]

□ Arbre de forêt dense; feuilles alternes entières, oblongues-elliptiques, dentées, base cunée, acumen long, glabres.

3 *Homalium letestui* PELLEGRIN, Samydacée [Mga]

□ Grand arbre de forêt primaire à forts accotements; écorce gris cendré, rugueuse, à indentations internes; grandes feuilles vert brillant, dentées, coriaces, retombantes; inflorescences rouge sombre en panicules lâches terminales; fruit capsulaire.

o Tech. : *gén.* (combust.) = sec, comme *bois* de chauffage (1 à 3) [Mga]; *prod.* (artis.) = jeune, comme *bois* de construction (1 à 3) [Mga]; *cons.* (ménag.) = on y taille la spatule de cuisine qui porte le même nom [Ka], (1 à 3) [Iko].

o Créd. : *biol.* = arbre à veines très rectilignes qui se fendent directement de haut en bas [Mga];

écol. = quand les abeilles butinent ces fleurs (2), elles font un miel tout blanc [Iko]; les singes mangent les petits fruits rouges de (1) [Ka]; arbre à fleurs de miel (1).

♦ 2. spatule de cuisine

→ o Elle sert non seulement de spatule pour remuer les aliments pendant la cuisson ou mélanger les sauces, mais occasionnellement comme cuiller pour manger ou comme planche à hacher les végétaux (brèdes et champignons, épices).

Chaque femme possède la sienne; elle est taillée par l'homme dans le bois de l'arbuste du même nom.

SYN .sɛ́kɔ́

= NG .fàmbí (mò/mì)

= MB mòfàmbē

≅ D bèmbì "cuiller"

bá (Dt : 2 ; .á), Déterminatif cl. 2, qui supporte le préfixe nominal bá.; ce terme étant le moins autonome des trois derniers.

Les radicaux Nominaux homonymes sont présentés dans l'ordre de leurs classes nominales :

.mbàlàngà (N : 1/2 = mbàlàngà / bà.mbàlàngà) "Mamba vert"
.mbàlàngà (N : 5B/8 = mbàlàngà / bà.mbàlàngà) "front, visage"
.tóto (N : 1/2 = tóto / bà.tóto) "champignon sp."
.tóto (N : 5/6 = è.tóto / bè.tóto) territoire, pays"
.tóto (N : 7/8 = dì.tóto / mà.tóto) "bosse, excroissance"

Si l'homonymie existe aussi au niveau des classes nominales, la présentation est arbitraire et les formes sont numérotées :

1.mbànzà (N : 3/4 = mò.mbànzà / mè.mbànzà) "côte (os)"
2.mbànzà (N : 3/4 = mò.mbànzà / mè.mbànzà) "flèche"
3.mbanza (N : 3/4 = mò.mbànzà / mè.mbànzà) "jeune éléphant mâle sans défenses"

2. Options thématiques

Tout le terme du dictionnaire après la (ou les) définition(s) concise(s) fait l'objet, chaque fois que possible - ou nécessaire -, d'un commentaire de dimension variable.

Pour les noms de plantes ou d'animaux, nous donnons en premier lieu une indication de la forme de vie (arbre, liane, herbe... oiseau, reptile, chauve-souris, insecte,...), suivi, lorsqu'il existe, d'un nom en français courant ou en français local (Abricotier d'Afrique, Ayous (n.com. = nom commercial), Jute de Madagascar, "Arbre à pain" sauvage... Bulbul, Perroquet du Gabon, Pigeon vert, Céphalophe bleu = Antilope chéri, Caïman (fr. loc. = français local), etc.); ensuite vient le nom latin complet quand la détermination a pu être obtenue :

Nycteris grandis (PETERS), Nyctéridé, Microchiroptère
Trilepisium madagascariense D.C.
(= *Bosquiea angolensis* FIC.), Moracée
Triumfetta cordifolia A. RICH., Tiliacée.

Si seule une détermination partielle a été possible ou s'est révélée pertinente (nom collectif d'insectes par ex.) nous n'avons indiqué que le nom de genre avec sp. (*species*) ou spp. (*species plura-*

lis), suivi du nom de la famille, ou le nom de famille seule lorsqu'il n'était pas possible d'obtenir davantage de précision. Le nom latin, encadré de points d'interrogation, signifie que la détermination est provisoire et demande confirmation :

Crematogaster sp., Hyménoptère
Hypselodelphis sp., Marantacée
? *Bambusa* sp., Graminée ?

L'indication *cf.* précédant le nom de genre ou le nom d'espèce d'une plante signifie que malgré une collecte d'herbier, il subsiste un doute au niveau botanique quant à l'identification, soit que l'échantillon n'ait pas permis un examen suffisant (absence de fleurs en particulier), soit que l'herbier de référence ne comporte pas d'échantillon exactement similaire. Dans ces cas, *cf.* indique l'espèce ou le genre botaniquement le plus proche.

cf. *Parinari* sp., Rosacée
Cola cf. *mahoundensis* PELLEGRIN, Sterculiacée.

Les citations de noms latins dans le texte des articles, ont été faites sans mention de noms d'auteurs et de noms de famille pour alléger la lecture, étant entendu que les noms complets se trouvent à l'entrée aka correspondante du dictionnaire et dans les index.

Après les noms latins figure la description naturaliste; celle-ci est suivie des informations ethnographiques dont nous disposions, présentées selon une grille dont le commentaire est exposé ci-dessous.

Pour les techniques et les objets, une description est faite et des explications sont données sur la construction de l'objet ou l'application de la technique, les parties de l'objet et leur nomenclature, le mode d'usage, le contexte social d'emploi au sens le plus large (y compris rituels), les relations avec le milieu naturel (parties animales ou végétales entrant dans la construction, éléments de la faune et de la flore obtenus par son moyen), les relations avec le milieu humain (échanges, en particulier, et emprunt...). Des illustrations graphiques et des photos éclairent les descriptions.

Pour les phénomènes sociaux et psychologiques, une description est faite si nécessaire (cérémonies, rituels, danses...), et sont données des explications et des indications sur les circonstances d'apparition, les implications matérielles (objets, techniques, éléments du milieu naturel) et social (acteurs, patient...) et éventuellement une interprétation ou une synthèse et les références nécessaires aux domaines ou notions connexes.

Des articles de référence ont été systématiquement constitués afin de regrouper l'information sur un concept qui nous paraissait particulièrement intéressant. Cette information figure, soit au premier terme s'intégrant dans le concept, soit au terme le plus général, dans l'optique aka, ou d'emploi le plus courant. Ces articles utilisés avec les renvois qu'ils comportent permettent de cerner *l'ensemble* de l'information sur un domaine précis de la culture aka.

3. Grille de présentation ethnographique

Les plantes et les animaux, le milieu naturel, qui constituent le support de *toute* la culture aka, interviennent de façon complexe dans tous les domaines de leurs activités. C'est pour cette raison qu'il s'est révélé nécessaire d'organiser, dans chaque article, cette information en différentes rubriques. De plus une telle présentation favorise la comparaison.

Nous avons choisi de nous conformer, dans les grandes lignes, au plan habituel d'une monographie ethnographique, allant du plus concret au plus abstrait suivant en cela les enseignements de Marcel MAUSS (1947/1967).

Les rubriques sont les suivantes :

Acq. - Acquisition : moyen par lequel on se procure le produit considéré.

POUR LES PLANTES

coll. - collecte (ramassage, extraction, cueillette)

domest. - domestication (plante dégagée de son environnement pour la protéger et en favoriser la croissance et l'exploitation)

cult. - culture

POUR LES ANIMAUX

chasse - (types de - : arme, piégeage, etc.)

pêche - (types de - : barrage, nasse, ichtyotoxique, etc.)

coll. - collecte (ramassage, extraction - principalement pour les insectes)

élevage

Expl. - Exploitation : destination, provenance, circulation du produit.

conservation
échange
achat
vente

Techn. - Techniques : procédés de transformation et d'utilisation des produits acquis, sauf Alimentation et Médecine qui font l'objet de rubriques particulières.

POUR LES PLANTES

gén. - techniques générales

bois	
combust.	combustible
lumin.	luminaire
cord.-fil.	corderie et filasse
colle	
colorant	
port.-emb.	portage et emballage
parf.	parfumerie
stup.-fort.	stupéfiant et fortifiant
poison	
outil.	outillage

POUR LES ANIMAUX

gén. - techniques générales

peau	
graisse	
lien	(utilisation de lanières de peau comme -)
colle	(cire)
colorant	
embal.	emballage (utilisation de peaux comme -)
parf.	parfumerie
poison	
outil.	outillage

POUR LES PLANTES ET LES ANIMAUX

conserv. - conservation (produits utilisés pour la conservation d'autres produits)

prod. - production (utilisation de l'item pour la production d'autres produits)

cueil.	cueillette
chasse	
pêche	
cult.	culture
artis.	artisanat (signifie que les Pygmées font, avec le produit ou la matière, quelque chose pour les Grands Noirs, dans le cadre de leurs prestations de service)

cons. - consommation (techniques de consommation, sauf alimentation)

habit.-mob.	habitat et mobilier
ménage	(accessoire de cuisine, entretien, etc.)
conf.-vêt.-toil.	confort, vêtement, toilette
ornem.	ornementation corporelle
mus.-art	musique, décoration non corporelle
jouet	

Alim. - Alimentation : procédés de transformation et d'utilisation des produits acquis pour l'alimentation.

Les habitudes alimentaires des Aka et leurs méthodes de préparation, qui seront exposées au chapitre 1 de la seconde partie, nous ont dicté cette division des rubriques :

base-sup. - base-support (produit servant comme base de l'alimentation en général, par ex. féculents)

farineux (pour les plantes)
chair (pour les animaux)

base-acc. - base-accompagnement (produit formant le plat proprement dit, par ex. brèdes, champignons, etc.)

brèdes ou légumes verts } pour les plantes
oléagineux
chair } pour les animaux
graisse

condim. - condiment (ingrédients ajoutés au plat en petite quantité pour en réhausser le goût)

sel
épices (poivre, piment, etc.)

compl. - complément (aliments ne formant pas la base des repas)

friandise	fruits (fruits pulpeux mangés crus), graines, petits insectes, etc., mangés en petite quantité et en dehors des repas
soupe	légumes cuits dans beaucoup d'eau et réduits en bouillie, accompagnés ou non d'oléagineux
sauce	produits ajoutés au jus de cuisson des aliments

boisson

eau	sèves de plantes
tisane	non médicinale
vin	sèves fermentées de plantes
alcool	
hydromel	sirop de miel fermenté ou non

Méd. - Médecine : procédés de transformation et modalités d'application des produits acquis dans une perspective thérapeutique[1].

Beaucoup de maladies sont identifiées par les Aka en fonction de la partie du corps douloureuse et non en fonction du syndrome proprement dit qui définit objectivement la maladie.

gén. - général (excipient, appareillage...)

sympt. - symptomatologie (troubles symptomatiques ne correspondant pas à une maladie déterminée)

endémies

ostéo.-rhum. - ostéologie (accidentelle ou non), rhumatologie

toxicol. - toxicologie (empoisonnement, piqûres venimeuses...)

---

[1] Cette grille conçue par J.M.C. THOMAS (L. BOUQUIAUX et J.M.C. THOMAS, 1976[2], 693), d'après une expérience pratique des connaissances médicales des populations forestières centrafricaine, était déjà en usage depuis longtemps lorsque les ethnomédecins A. EPELBOIN et S. EPELBOIN se sont joints à l'équipe. Ses imperfections ne doivent en aucun cas leur être imputées.

derm. - dermatologie (affections cutanées de toutes origines y compris les parasitoses)

ORL-pneum. - affections oto-rhino-laryngologiques et broncho-pulmonaires

ophtal.-ORL - ophtalmologie avec ou sans affections oto-rhino-laryngologiques combinées (maux d'yeux de toutes origines et éventuellement auriculaires, écoulement nasal...)

card.-vasc. - affections cardio-vasculaires (identifiées comme telles par les Aka)

stom.-gastr.-entér. - affections du système digestif (stomatologie, gastro-entérologie)

gynéco.-urol.-vénér. - affections du système uro-génital (y compris les maladies vénériennes, les soins à l'accouchement et post-partem...)

psych.-neur. - psychiâtrie-neurologie (maladies mentales, troubles du comportement...)

pédiatrie - (toutes les maladies des enfants)

Mag. - Magie : pratiques magiques et rituels, procédés de transformation et modalités d'emploi des produits acquis à ces fins.

rituel - (un alinéa spécial est consacré aux rituels qui ont une grande importance dans le comportement magico-religieux)

protect. / curat.-cathart. : protectrice, curative ou cathartique

charmes - (tout produit et son procédé permettant d'exercer une action non naturelle sur l'environnement)

propitiatoires
maléfiques

surnaturel

contacts (produits et/ou procédés permettant d'obtenir un contact avec le monde surnaturel)

médiums-oracles (produits et/ou procédés permettant d'exprimer ou d'interpréter les intentions ou les pensées des êtres surnaturels)

épreuves (produits et/ou procédés faisant intervenir le jugement du monde surnaturel)

cultes

Soc. - Société : pratiques et comportements sociaux; procédés de transformation et modalités d'emploi des produits acquis en vue d'une intervention à caractère social.

fam. - familial

politique et social

juridique

religieux

Créd. - Crédence : croyance ou connaissance traditionnelles des Aka sur l'item.

biol. particularités biologiques (physiologie, anatomie, comportements, etc.)

écol. rapport de l'être animal ou végétal avec le milieu ambiant (autres végétaux, autres animaux, humains, mode de subsistance, prédateurs, etc.)

taxin. taxinomies (apparentements, classification, critères de dénomination, etc.)

inter. interdits (alimentaires, comportementaux, etc.) ou vénération

Litt. - Littérature : intervention de l'item dans un contexte de littérature orale (chant, conte, mythe, etc.) dont nous avons eu connaissance.

myth. mythologie

conte conte

hist. récit historique

chant

précisant le rôle joué par l'item dans le genre de récit envisagé :

principal (héros ou agent principal de l'action)
compl. (personnage complémentaire ou patient)
acc. (accessoire important)

Dénom. - Dénomination : le terme est utilisé dans la composition ou comme nom propre.

anthrop. anthroponymes (noms individuels et surnoms)

patron. patronymes (noms de groupes de filiation patrilinéaire)

ethnon. ethnonymes

zoonym. zoonymes

cynon. cynonymes (noms propres de chiens)

phyton. phytonymes (noms de plantes)

chronon. chrononymes (noms de saisons)

technon. technonymes

topon. toponymes

Symb. - Symbolisme : connotations symboliques du terme (sexe, vie, mort, sentiments, etc.)

4. Liste des abréviations employées

Afin d'alléger la présentation des articles du dictionnaire nous avons fait usage d'un certain nombre de signes et de sigles conventionnels pour en introduire les diverses données. Certaines de ces abréviations sont tout à fait usuelles et familières au lecteur ; d'autres nous sont propres et nécessiteront un certain effort de mémorisation pour une consultation courante. Toutefois les symboles retenus sont assez parlants quoique nombreux pour ne pas constituer un obstacle à l'usage de cet ouvrage mais, au contraire nous semble-t-il, le faciliter.

Symboles de la présentation analytique

*X — terme non attesté dans la documentation recueillie, mais supputé car possible (cf. Dérivation, chapitre 4 de la seconde partie).

.X }
X- } le point préposé et le tiret postposé indiquent des formes radicales, respectivement nominales, pronominales, adjectivales...(.N, .A, .D, .Dt, etc.) et verbales (V-)

v. — voir à (autre entrée)

N — initiales des catégories grammaticales (voir chap. 4 - La langue)

t, i, it — transitif, intransitif ou les deux pour les Verbes.

[Mga] — abréviation des localités d'enquête (voir ci-dessous)

♦ — sens du terme, définition concise

- sp. — (*species*) signifie "une sorte de" et a été utilisé pour tous les termes désignant *spécifiquement* quelque chose :
  - panier sp., une forme particulière de panier
  - danse sp., une danse précise, etc.
- var. — variété ou clone de plante cultivée
- n. gén. — (nom générique, terme recouvrant une catégorie :
  - danse (n.gén.), la danse en général
  - chant (n.gén.), le chant en général, etc.
- spp. — (*species pluralis*), terme aka recouvrant plusieurs réalités biologiques :
  - Colatier (spp.), plusieurs espèces de Colatiers
  - arbre (spp.), Copalier, plusieurs espèces d'arbres à Copal.
- *mus.* — terme usité en musicologie
- *anat.* — terme d'anatomie
- *méd.* — terme de médecine
- n.dét. — non déterminé (animal ou plante)
- *hab.* — habituel (forme verbale)
- *fréq.* — fréquentatif (forme verbale)
  - etc. (cf. tableau de dérivation, chap. 4 - La langue)

♦ 1.. — premier sens du terme
♦ 2.. — deuxième sens du terme, etc.

◇ — sens dérivé, sens figuré

□ — description naturaliste des plantes ou des animaux

○ — explication, emploi, description technique, commentaire ethnologique.

● — exemple linguistique d'emploi (phrase)
●● — expression, locution
→ — justification ou explication linguistique

~ — variante libre ou doublet
SYN — synonyme
SYN § — sens proche
ANT — antonyme
VAR — variante dialectale (entre parlers aka)

═ — données comparatives - contacts de langues (voir ci-dessous)

NG — abréviations des langues citées (voir ci-dessous)

§ ou §§ — dans le texte : se référer au(x) terme(s) qui suit (-vent)
sous le texte, parmi les renvois : autre terme ayant un rapport avec l'article traité ; s'y référer.

§ ←	dans une série de synonymes ou de variantes, le texte explicatif figure au terme indexé.
⊕	article de synthèse, de référence, de récapitulation.
D	dérivé(s) à partir du terme cité
C	composé(s) comportant le terme cité
Loc.	locution(s) où figure le terme cité
².ngìlì	homonymie : deuxième forme de .ngìlì (ordre de succession arbitraire dans le dictionnaire)
bás-³	sens : troisième signification dans l'article.

Abréviation des localités d'enquête — *Enquêteurs ou sources*

				Enquêteurs ou sources
[Iko]	Ikoumba	région de MONGOUMBA	LOBAYE	MEM
[Mga]	Mongoumba	région de MONGOUMBA	LOBAYE	SA, FCH, HG, JMCT
[Lo]	Loko	région de LOKO	LOBAYE	JMCT
[Bo]	Bokoma		LOBAYE	SB
[Bg.B]	Bagandou-Bokoka	région de BAGANDOU	LOBAYE	Combettes et Thomassone
[Bg]	Bagandou en général	région de BAGANDOU	LOBAYE	SB, AE, SE, CS
[Ka]	Kenga			SB
☆	LOBAYE (terme valable pour l'ensemble des localités de)			
[Nd]	Ndèlè		SANGHA	SB
[Bio]	Bambio		SANGHA	HG
[No]	Nola		SANGHA	HG
[Bay]	Bayanga		SANGHA	SB
[O]	Ouesso		SANGHA	LD, HG, Ballif
[Bli]	Bagbali		SANGHA	LD
[Sa]	Sangha (localité non précisée)			LD
★	terme valable pour l'ensemble des localités de Lobaye et de Sangha			
[Imp]	Impfondo	Nord-Congo	pour la terminologie de la parenté	HG
[E]	Epena	Nord-Congo	pour la terminologie de la parenté	HG
[Bol]	Bolemba	rive nord de la Lobaye	pour la terminologie de la parenté	HG
[Mba]	Mbaïki	rive nord de la Lobaye	pour la terminologie de la parenté	HG

Données comparatives (contacts de langues)

=	forme égale / sens égal (identité aux correspondances phonologiques près)
≅	forme plus ou moins égale / sens plus ou moins égal
≃	forme plus ou moins égale / sens éloigné
≡	forme différente / sens plus ou moins égal (calques)
≠	forme différente (citée pour des cas spécifiques)

Abréviation des langues citées

		BANTOU
NG	ngando (SB, LB, JMCT)	C 10
MB	mbati (LB)	C 10
P	pande (SB)	C 10
L	lingala (langue véhiculaire) (LB)	
TWA	(Ekonda) twa du Zaïre (d'après ELSHOUT, 1963)	C 60
KK	kaka (SB)	A 90
BB	plusieurs langues bantoues du Gabon (d'après WALKER et SILLANS, 1961)	

BC*	Bantou commun	(d'après GUTHRIE, 1969-70)
PB*	Proto-Bantou	
BR*	Bantu-Reconstruction (d'après MEEUSSEN, 1969)	

		OUBANGUIEN
B	baka (d'après LETOUZEY, 1976 ; BRISSON et BOURSIER, 1979)	Groupe Gbanzili-Sere Ouest
NGB	ngbaka (JMCT)	
GBZ	gbanzili (JMCT)	
MZO	monzombo (LB, JMCT)	
S	sango (langue véhiculaire) (LB)	Groupe Ngbandi
GB	gbaya (d'après Y. MONINO, com. pers.)	Groupe Gbaya
PGB*	proto-gbaya	
MBZ	mbanza (FCH)	Groupe Banda
BD	banda-yangere (SB)	

F	français	langues véhiculaires
A	anglais	
PO	portugais	

Abréviation des noms des auteurs

SA	Simha AROM
SB	Serge BAHUCHET
LB	Luc BOUQUIAUX
FCH	France CLOAREC-HEISS
LD	Lucien DEMESSE
AE	Alain EPELBOIN
SE	Sylvie EPELBOIN
HG	Henri GUILLAUME
MEM	(Marie) Elisabeth MOTTE
CS	Claude SENECHAL
JMCT	Jacqueline M.C. THOMAS

BIBLIOGRAPHIE

La littérature concernant les Pygmées d'Afrique, de l'Ituri à l'Atlantique, est si vaste qu'il ne saurait être question d'en refaire ici l'état, d'autant qu'il existe déjà deux bonnes bibliographies assez récentes qui leur ont été consacrées :

LINIGER-GOUMAZ (Max) - 1968, *Pygmées et autres races de petite taille (Boschimans, Hottentots, Négritos, etc.). Bibliographie générale*, Genève, Ed. du Temps, 338 p.

PLINIER-LADAME (F.) - 1970, *Les Pygmées*, Bruxelles, CEDESA (Enquêtes bibliographiques XVII), 225 p.

Notre propos est de présenter un certain nombre de travaux qui intéressent plus particulièrement les Pygmées des confins du Cameroun, de la Centrafrique et du Congo, parmi lesquels se situent les Aka. Il est aussi de mentionner les recherches en cours auxquelles nous avons pu avoir accès pour notre information ou dont nous avons simplement connaissance mais estimons qu'elles présentent, avec nos propres travaux, des relations intéressantes. D'autre part, comme nous pensons l'avoir bien montré dans notre introduction, les Pygmées sont depuis très longtemps en contact avec d'autres population de grands Noirs et les recherches menées actuellement sur leurs sociétés et sur leurs langues respectives, comme sur les relations qu'ils entretiennent, nous paraissent d'importance. Enfin, certains ouvrages généraux dont nous avons fait usage ou qui constituent le fondement de notre réflexion sont des références nécessaires pour le lecteur.

Plan de la Bibliographie

Etudes ngando
Etudes isongo (mbati)
Etudes pande

OUVRAGES GENERAUX ET GENERALITES OUBANGUIENNES

Linguistique et tradition orale
Histoire et ethnologie
Sciences naturelles et ethnonaturalisme
Faune
Flore
Etudes ethnonaturalistes

DISCOGRAPHIE

FILMOGRAPHIE

* *Indique les publications des auteurs du présent ouvrage.*

ÉTUDES PYGMÉES

Linguistique, littérature orale et ethnolinguistique

*BAHUCHET (Serge) - 1979, *Questionnaire d'Inventaire Linguistique du Aka-Mbènzèlè de Bayanga,* Ivry, LACITO-CNRS.

BRISSON (Robert) - 1981, *Contes des Pygmées baka du Sud-Cameroun, 1. Histoires et contes d'enfants - 2. Contes d'enfants*, Douala, BP 5351, VI+188 p., 200 p.

BRISSON (Robert), BOURSIER (Daniel) - 1979, *Petit dictionnaire Baka-Français,* Douala, B.P. 1855, 505 p. multigr.

BRUEL (G.) - 1911, *Notes ethnographiques sur quelques tribus de l'Afrique Equatoriale Française. I : Les populations de la Moyenne Sanga : Pomo, Boumali, Babinga. Vocabulaires,* Paris, Leroux, 45 p. (extr. de la *Revue d'ethnographie* et de *sociologie,* 1910. pp. 3-32 et 111-125).

*CLOAREC-HEISS (France), THOMAS (Jacqueline) - 1978, *L'Aka, langue bantoue des Pygmées de Mongoumba (Centrafrique). Introduction à l'étude linguistique. Phonologie,* Paris, SELAF (TO 28), 204 p.

COMBETTES (Bernard) et TOMASSONE (Roberte) - 1978, *Les Pygmées Biaka de Bokoka (Basse-Lobaye, E.C.A.). Approche linguistique,* Paris, D.G.R.S.T., 115 p. mult.

JACQUOT (André) - 1959, La langue des pygmées de la Sangha. Essai d'identification, (Brazzaville) *Bull. Inst. Et. Centrafricaine* 17-18, pp. 35-42.

LETOUZEY (René) - 1964, Dénominations pygmées de quelques arbres et arbustes forestiers camerounais, (Paris) *Journ. d'Agron. Trop. et de Bot. Appl.* XI (10-11), pp. 347-383.

- 1966, Recherches sur la nomenclature botanique des Pygmées, (Paris) *J. A.T.B.A.* XIII (10-11), pp. 479-543.

- 1976, *Contribution de la Botanique au problème d'une éventuelle langue pygmée,* Paris, SELAF (Bibl. 57-58), 148 p., 2cartes, 4 pl. photos.

OUZILLEAU (R.) - 1911, Notes sur la langue des Pygmées de la Sangha, suivies de vocabulaires, (Paris) *Revue d'Ethno. et de Socio.* 2 (3-4), pp. 75-92.

RENAUD (Patrick) - 1976, *Description phonologique et éléments de morphologie nominale d'une langue de Pygmées du Sud-Cameroun : les Bajèlè (Bipindi)*, Paris, Université PARIS III - Sorbonne Nouvelle, 375 p.

SANTANDREA (S.) - 1955, Brief notes on Binga, (Berlin) *Afrika und Übersee* XL (1), pp. 25-37.

*SENECHAL (Claude J.) - 1979, L'identité linguistique des Pygmées aka de Bagandou, *Pygmées de Centrafrique* (S. BAHUCHET, éd.), Paris, SELAF (Bibl. 73-74), pp. 33-50.

*THOMAS (Jacqueline M.C.) - 1974, *L'aka, langue bantoue des Pygmées de Mongoumba (RCA), Esquisse grammaticale. Lexique. Textes*, Paris, ER 74 du CNRS, 500 p. multigraph.

- 1976, Structure de la relative en aka, langue bantoue (Centrafrique), *Session "Description : structure de l'énoncé"*(communication), Paris, CNRS LP 3-121, 10 p. (résumé dans *LACITO-INFORMATIONS* 6).

- 1977a, Approche linguistique sans langue commune de communication, *Théories et méthodes en linguistique africaine* (L. BOUQUIAUX, éd.) Paris, SELAF (Bibl. 54-55), pp. 17-25.

- 1977b, Classes et genres nominaux en aka (langue bantoue des Pygmées de Mongoumba, Centrafrique), *Théories et méthodes en linguistique africaine* (L. BOUQUIAUX, éd.), Paris, SELAF (Bibl. 54-55), pp. 27-35.

- 1979, Emprunt ou parenté? A propos des parlers des populations forestières de Centrafrique, *Pygmées d'Afrique Centrale* (S.BAHUCHET éd.), Paris, SELAF (Bibl. 73-74), pp. 141-169.

- 1980, Interprétation "significative" du système de classification nominale en aka, *L'expansion bantoue* vol. 2 (Actes du Colloque International du CNRS, Viviers, avril 1977, L. BOUQUIAUX, éd.), Paris, SELAF (NS 9), pp. 543-554.

VAN BULCK (G.) - 1952, Existe-t-il une langue des Pygmées en Afrique Centrale?, (Vienne, *Wiener Beiträge zur Kulturgeschichte und Linguistik* 9, pp. 365-369.

Ouvrages en préparation et travaux en cours :

*THOMAS (J.M.C.) et EPELBOIN (Alain et Sylvie) - *Récits de malades aka (Bagandou, Lobaye, RCA).*

*THOMAS (Jacqueline M.C.), GUILLAUME (Henri), BAHUCHET (Serge) - *Récits de la vie quotidienne des Pygmées Aka (Lobaye, Centrafrique).*

*THOMAS (J.M.C.), GUILLAUME (H.), AROM (Simha) - *Contes des Pygmées Aka de Mongoumba (Centrafrique).*

*THOMAS (Jacqueline M.C.) - *La langue des Pygmées aka (Mongoumba - Centrafrique). Syntaxématique. Morphologie. Synthématique.*

- Le nom en aka (langue bantoue des Pygmées de Mongoumba - Centrafrique). Syntagmatique nominale.

- Le verbe en aka (langue bantoue des Pygmées de Mongoumba - Centrafrique). Syntagmatique verbale.

- La phrase en aka (langue bantoue des Pygmées de Mongoumba - Centrafrique). Fonctionématique. Enoncématique.

Ethnologie, sociologie, musicologie, histoire, écologie

ALTHABE (G.) - 1965, Changements sociaux chez les Pygmées baka de l'Est-Cameroun, (Paris) *Cahiers d'Etudes Africaines* V (20), pp. 561-592.

*AROM (Simha) - 1978, *La musique des Pygmées Aka* (Notice du disque), 20 colonnes, 7 photos (voir Discographie).

*BAHUCHET (Serge) - 1972, Etude écologique d'un campement de Pygmées babinga (Région de la Lobaye, République Centrafricaine), (Paris) *Jour. d'Agr. Trop. et de Bot. Appl.* XIX (12), pp. 511-559.

- 1975a, Ethnozoologie des Pygmées babinga de la Lobaye, République Centrafricaine, *L'homme et l'animal* (1er Coll. d'Ethnozoologie, juin 1975, Inst. Int. d'Ethnosciences), Paris, I.I.E., pp. 58-61.

- 1975b, Les Pygmées bayaka et les miels dans la forêt de la Lobaye (R. C.A.), *Table ronde d'Ethnoentomologie*, Paris, Laboratoire d'Ethnozoologie du Museum, 3 p., 3 fig.

- 1975c, Rapport sur une mission effectuée en saison sèche en Lobaye : observations sur la vie d'une famille de Pygmées Bayaka, Paris *JATBA* XXII (4.5. 6.), pp. 177-197, 4 tabl., 6 fig.

- 1976a, Etude écologique et ethnoécologique des Pygmées aka de Lobaye (Centrafrique), *Premier Colloque d'Ethnosciences* (Museum National d'Histoire Naturelle, Paris, novembre 1976), 14 p. dact.

- 1976b, Les Pygmées aka de République Centrafricaine : mode de vie et évolution, Dakar, ENDA, 32 p. dact, 2 cartes, 12 fig.

- 1978a, *Introduction à l'ethnoécologie des Pygmées aka de la Lobaye (Empire Centrafricain)*, Paris, EHESS, 331 p. + 18 p., fig. photos.

- 1978b, Les contraintes écologiques en forêt tropicale humide : l'exemple des Pygmées Aka de la Lobaye (Centrafrique), (Paris), *JATBA* XXV (4), pp. 257-285.

- 1978c, La cueillette chez les Pygmées Aka, chasseurs-cueilleurs de la forêt centrafricaine, (Paris), *Bull. SEZEB* 4, pp. 21-25.

- 1979, Utilisation de l'espace forestier par les Pygmées Aka, chasseurs-cueilleurs d'Afrique Centrale, (Londres, Sage) *Information sur les Sciences sociales* 18 (6), pp. 999-1019.

- 1982, *Une société de chasseurs-cueilleurs et son milieu de vie : les Pygmées aka de la forêt centrafricaine*, Paris, EHESS, 616 p.

*BAHUCHET (S.) et GUILLAUME (Henri) - 1979, Relations entre chasseurs-cueilleurs Pygmées et agriculteurs de la forêt du nord-ouest du Bassin Congolais, *Pygmées d'Afrique Centrale* (S. BAHUCHET, éd.), Paris, SELAF (Bibl. 73-74), pp. 109-139.

BALLIF (Noël) - 1954, *Les danseurs de Dieu. Chez les Pygmées de la Sangha*, Paris, Hachette, 270 p.

- 1954, *Observations effectuées chez les Pygmées Babinga : mission Ogooué-Congo, 1946*, Paris, EHESS, 145 p.

- 1980, *Analyse critique et synthèse des connaissances sur les Pygmées africains*, Paris, EHESS, 2 vol., V+343 p., 318 p.

BAUMANN (H.) - 1938, Afrikanische Wild- und Buschgeister, (Berlin) *Zeitschrift für Ethnologie* 70 (3-5), pp. 208-239.

BRANDEL (R.) - 1952, Music of the Giants and Pygmies of the Belgian Congo, (Johannesburg) *Journ. of the Afr. Music Soc.*, pp. 16-28.

BROCA (P.) - 1874, Les Akka, race pygmée de l'Afrique Centrale, (Paris) *Revue d'Anthropologie* 3, pp. 279-287.

BRUEL (G.) - 1909, Les basses vallées de l'Oubangui et de la Sanga, (Paris) *La géographie* 19 (5), pp. 353-366.

- 1910, Les populations de la moyenne Sanga : les Babinga, (Paris) *Revue d'Ethnographie et de Sociologie* 5-7, pp. 110-125 + appendice.

- 1931, Anthropologie et croyances de l'A.E.F., (Brazzaville) *Bull. de la Soc. des Rech. Congolaises* 13, pp. 39-49.

CAVALLI-SFORZA (Luigi-Luca) - 1968, Recherches génétiques sur les Pymées Babinga de la R.C.A., (Paris) *Cahiers de la Maboké* VI (1), pp. 19-25.

- 1971, Pygmies, an exemple of hunters gatherers, and genetic consequences for man of domestication of plants and animals, (Amsterdam) *Human Genetics, 4th Int. C. Hum. Gen.*, pp. 79-95.

CAVALLI-SFORZA (L.L.) et Al. - 1969, Studies on African Pygmies I : a pilot investigation of Babinga Pygmies in the Central African Republic, *Am. J. Hum. Gen.* 21, pp. 252-274.

DELAFOSSE (M.) et POUTRIN (D.) - 1930, *Enquête coloniale dans l'Afrique française occidentale et équatoriale sur l'organisation de la famille indigène, les fiançailles et le mariage*, Paris, s.é., XXXVI + 562 p. (notes sur les Pygmées et les migrations oubanguiennes).

DELOBEAU (Jean-Michel) - 1978a, *Yandenga et Yamonzombo. Etude des relations entre villages monzombo et campements pygmées dans la région de Mongoumba (E.C.A.)*, Paris, EHESS.

- 1978b, Yamonzombo et Yandenga. Histoire des relations entre les gens du fleuve et les gens de la forêt (XIXe-XXe siècle), (Brazzaville) *Cahiers Congolais d'Anthropologie et d'Histoire* II (3), pp. 43-45.

*DELOBEAU (Jean-Michel), GUILLAUME (Henri) - 1979, Une mosaïque ethnique et linguistique en milieu rural : enquête de démographie linguistique dans la sous-préfecture de Mongoumba, *Contacts de langues et contacts de cultures. I. Démographie linguistique, approche quantitative* (J-P. CAPRILE, éd.), Paris, SELAF (LACITO-Documents, Afrique 4), pp. 11-65.

*DEMESSE (Lucien) - 1963, Les Pygmées menacés, (Paris) *Cahiers de la Maboké I* (2), pp. 123-126.

- 1969, *Techniques et économie des Pygmées Babinga*, Paris, EPHE (6e Section), 2 vol., 227 p. + 74 p. fig. (publié en 1980 à l'Institut d'Ethnologie, Mémoire XX, 302 p.).

- 1972, Les Pygmées, *Ethnologie régionale. I. Afrique, Océanie*, Paris, Encyclopédie de la Pléiade, pp. 662-693.

- 1973, *Les Pygmées Babinga et leurs rapports avec les sociétés noires voisines* (Exposé au Centre d'Etudes Africaines du 10.12.1973), Paris, EPHE VI° Section.

- 1978, *Changements techno-économiques et sociaux chez les Pygmées Babinga (Nord-Congo et Sud-Centrafrique)*, Paris, SELAF (TO 26), 262 p. + 34 p. + 34 dépliants h.t.

DOUCET (M.L.) - 1914, Les Babinga ou Yadinga, peuples nains de la forêt équatoriale (région du Moyen-Congo), (Paris) *L'ethnographie*, n.s. 2, pp. 15-32.

DUPRE (W.) - 1962, *Die Babinga-Pygmäen*, Vatican, Tipografia Poliglotta Vaticana, 172 p.

*EPELBOIN (Alain et Sylvie) - (à paraître), *Le concept de maladie nutritionnelle dans le système de pensée médicale aka (Centrafrique).*

FAURE (H.M.) - 1935, Contribution à l'histoire des races de la région de Carnot, (Brazzaville) *Bull. Soc. Rech. Congolaises* 21, pp. 99-109.

GRIMAUD (Y.) - 1960, Note sur la musique vocale des bochiman Kung et des pygmées Babinga, *Les colloques de Wigémont III* (1956, Ethnomusicologie II), Paris, Société d'Edition "Les Belles Lettres", pp. 105-126.

*GUILLAUME (Henri) - 1977, L'introduction du fer chez les Pygmées. Apport technologique et conséquences sociales, *XIXème Congrès d'Anthropologie et d'Archéologie préhistorique*, Monaco, (23-27 sept. 1977).

- (à paraître), Du troc des produits à l'exploitation de la force de travail : forme et évolution de la dépendance des Pygmées Aka, (Paris) *Cahiers d'Etudes Africaines*.

*GUILLAUME (Henri), AROM (Simha), DEHOUX (Vincent) et THOMAS (Jacqueline) - (à paraître), *L'arc musical féminin des Pygmées aka : chasse, musique et sexualité*, Paris, SELAF.

HARAKO (R.) - 1976, The Mbuti Pygmies : a study of ecological anthropology of the Mbuty Pygmies (I), *Kyoto Univ. African Studies* X, pp. 37-99.

HART (John A.) - 1978, From subsitence to market : a case study of the Mbuti net hunters, *Human Ecology* VI (3), pp. 325-353.

HARTWEG (Raoul) - 1952, Les Pygmées, ces méconnus, *Explorations Outre-mer*, Paris, Documentation Française, pp. 97-109.

ICHIKAWA (Mitsuo) - 1978, The residential groups of the Mbuti Pygmies, *Senri Ethnological Studies* 1 (Africa 1), pp. 131-188.

JULIEN (P.) - 1953, *Pygmeeën*, Amsterdam, Scheltens en Giltay, 254 p.

KOPPEL (Jan M.H. van de), KOPPEL-v.t'OEVER (Maria van de) - 1978, *Causes of death among the Biaka Pygmies of the Bagandu region*, 7 p. multigr.

LALOUEL (J.) - 1949, Répartition et démographie des Ba-Binga du Bas-Oubangui, (Paris) *Bull. et Mém. Soc. d'Anthr. de Paris*, IX - 10 (1-3), 3-22.

- 1950a, Les Ba-Binga du Bas-Oubangui, Contribution à l'étude ethnographique des négrilles Baka et Bayaka, (Paris) *Bull. et Mém. Soc. d'Anthr. de Paris*, X - 1 (4-6), 175-211.

- 1950b, Les Babinga du Bas Oubangui. Contribution à l'étude anthropologique des Négrilles Baka et Bayaka, (Paris) *Bull. Mém. Soc. Anthr.* XI - 1 (1-3), pp. 60-98.

LE ROY (Mgr. A.) - 1929 (rééd. 1897), *Les Pygmées : négrilles d'Afrique et négritos d'Asie*. Paris, Proc. Gén. P. St Esprit, 367 p.

MORTIER (R.) - 1937a, Volken en volksverhuizingen in Ubangi, (Melle) *Kongo-Oversee* 3 (4), pp. 209-214.

- 1937b, De Bambenga-Pygmoïden in Ubangi, (Melle) *Kongo-Oversee* 3 (3), pp. 245-251.

*MOTTE (Elisabeth) - 1978, *Les plantes chez les Pygmées Aka et les Monzombo de la Lobaye (ECA) : contribution à une étude ethnobotanique comparative*, Université Paris VI, 546 p.

- 1979a, La thérapeutique chez les Pygmées Aka : un acquis du passé pour des perspectives d'avenir, *La pharmacopée traditionnelle et les plantes médicinales africaines* (3ème Symposium, Abidjan), 30 p. mult.

- 1979b, Thérapeutique chez les Pygmées aka de Mongoumba, *Pygmées d'Afrique Centrale* (S. BAHUCHET, éd.), Paris, SELAF (Bibl. 73-74), pp. 77-108.

- 1980, A propos des thérapeutes pygmées aka de la région de la Lobaye (Centrafrique), (Paris, *JATBA* XXVII-2, pp. 113-132.

PALES (L.) - 1938, Contribution à l'étude anthropologique des Babinga de l'A.E.F., (Paris) *L'anthropologie* XLVIII (5), pp. 503-520.

POUTRIN (L.) - 1910, Contribution à l'étude des Pygmées d'Afrique. Les Négrilles du Centre Africain, (Paris) *L'Anthropologie* XXI, pp. 435-549.

- 1911, idem, XXII, pp. 421-549.

- 1912, ibidem, XXIII, pp. 349-415.

REGNAULT (M.) - 1911, Les Babenga (Négrilles de la Sangha), (Paris) *L'anthropologie* 22 (3), pp. 261-288.

SCHEBESTA (P.) - 1931, Les conceptions religieuses des Pygmées de l'Ituri, (Bruxelles), *Congo I* (5), pp. 645-666; II (1), pp. 45-68.

- 1936, Données essentielles sur la religion des Pygmées, (Bruxelles), *Congo* XI (3), pp. 321-331.

- 1938, *Die Bambuti-Pygmäen von Ituri. I. Geschichte, Geographie, Umwelt, Demographie und Anthropologie des Ituri-Bambuti (Belgische Kongo)*, Bruxelles, I.R.C.B. (Mémoires), 438 p.

- 1940, *Les Pygmées*, Paris, Gallimard (L'espèce humaine 3), 220 p.

- 1941, *Die Bambuti-Pygmäen von Ituri. II. Ethnographie der Ituri-Bambuti. 1. Die Wirtschaft der Ituri-Bambuti (Belgische Kongo)*, Bruxelles, I.R.C.B. (Mémoires), 284 p.

- 1948, *Die Bambuti Pygmäen von Ituri. Ergebnisse zweier Forschungsreisen zu den zentralafrikanischen Pygmäen. II. Ethnographie der Ituri-Bambuti. 2. Das soziale Leben*, Bruxelles, I.R.C.B. (Mémoires), 551 p.

- 1950, *Die Bambuti-Pygmäen von Ituri. II. Ethnographie des Ituri-Bambuti. 3. Die Religion*, Bruxelles, I.R.C.B. (Mémoires), VIII + 254 p.

- 1952, *Les Pygmées du Congo Belge*, Bruxelles, I.R.C.B. (Mémoires XXVI-2), 432 p.

*SENECHAL (C.) - 1975, *Entre Pygmées et BaNgandou* (exposé), (Paris) EHESS (Centre d'Etudes Africaines), 5 p. ronéo.

TANNO (T.) - 1976, The Mbuti net-hunters in the Ituri forest, Eastern Zaïre : their hunting activities and band composition, *Kyoto Univ. African Studies* X, pp. 101-135.

TERNAY (A. de) - 1948, Les pygmées Baka de l'Est du Cameroun, (Lyon) *Les missions Catholiques* 80 (n° 3423), PP. 53-59; (n° 3424) pp. 73-76; (n° 3425), pp. 89-92; (n° 3426), pp. 105-111.

TURNBULL (C.M.) - 1960, Some Recent Developments in the Sociology of the BaMbuti Pygmies, (New York) *Trans. of the NY Acad. of Sc.* XXII (4), 267-274, Bibl.

- 1964, Forest hunters and gatherers : the Mbuti Pygmies. *The ecology of man in the tropical environment*, IUCN (Morges), pp. 38-42.

- 1965a, The Mbuti Pygmies : an ethnographic survey, (New-York) Anthrop. Papers American *Mus. Nat. Hist.* 50-3, pp. 140-282.

- 1965b, *Wayward servants, the two worlds of the African Pygmies*, Londres, Eyre & Spottiswoode, XIV + 391 p.

- 1965c, The Mbuti Pygmies of the Congo, *Peoples of Africa* (GIBBS (J.), éd.), New York, Holt, Rinehart and Winston, pp. 281-317.

VALLOIS (H.V.) et MARQUER (P.) - 1976, *Les Pygmées Baka du Cameroun : anthropologie et ethnographie avec une annexe démographique*, Paris, M.N.H.N. (Mémoires Série A, Tome C), 195 p.

Ouvrages en préparation et travaux en cours :

*ANNIS (Robert), BAHUCHET (Serge), BERRY (John W.), CAVALLI-SFORZA (Luigi L.), KOPPEL (Jan M.H. van de), SENECHAL (Claude), WITKIN (Herman A.) - *On the edge of the forest : a study of the development of cognitive style in central Africa. (Among Biaka Pygmies and BaNgando agriculturists).*

*AROM (Simha) - *Esprit et techniques des polyphonies centrafricaines.* (Thèse de doctorat d'Etat).

*EPELBOIN (A. et S.) - *Itinéraires diagnostiques et thérapeutiques comparés des Pygmées aka et des villageois ngando et monzombo.*

*EPELBOIN (Alain) - *La maladie et ses thérapeutiques : rôle dans les échanges Pygmées-villageois.*

*EPELBOIN (Sylvie) - *La vie génésique des femmes aka : santé et maladie.*

*GUILLAUME (Henri) - *Etude ethnologique et sociologique des Aka de Mongoumba (Centrafrique). Structures sociales, mode de vie, idéologie, rapports avec les grands Noirs voisins,* (Thèse de 3ème cycle).

*MOTTE (Marie-Elisabeth) - *Etude ethnobotanique et pharmacopée indigène chez les Aka de Mongoumba (Centrafrique).*

NEUWELT (Sandra) - *Le développement psychologique et l'éducation des enfants pygmées (Lobaye - Centrafrique).*

PHILIPPART DE FOY (Guy) - *Les activités des Pygmées d'Afrique Centrale. Documentation photographique.*

*SENECHAL (Claude J.) - *Etude ethnologique des Aka de Bagandou (Lobaye - Centrafrique) Rapports pygmées - villageois ngando (étude ethnologique des Ngando),* (Thèse de 3ème cycle).

LES GRANDS NOIRS VOISINS

Ce sont ceux au milieu desquels vivent actuellement les Aka, soit des Oubanguiens : Ngbaka-ma'bo, Monzombo et Mbanza (ces derniers du groupe banda), et des Bantous : Ngando et Isongo (ou Mbati). Toutes ces populations, peu connues jusqu'alors, font, certaines depuis une vingtaine d'années, d'autres depuis moins de dix ans, l'objet d'une étude intensive dont une grande partie est encore inédite.

OUBANGUIENS

Études ngbaka-ma'bo

*AROM (Simha) - 1970, *Conte et chantefables ngbaka-ma'bo (République Centrafricaine),* Paris, SELAF, (Bibliothèque 21-22), 238 p. + 2 disques 33 t. 17 cm.

*AROM (Simha) et THOMAS (Jacqueline M.C.) - 1974, *Les Mimbo, génies du piégeage, et le monde surnaturel des Ngbaka-ma'bo (République Centrafricaine),* Paris, SELAF, (Bibl. 44-45), 153 p., cartes, tabl., fig.

BENTEGEAC (Yves-Jean) - 1956, *Aperçu historique sur la "terre" de Loko,* Mbaïki (RCA), (Manuscrit des Archives du District).

BOUQUIAUX (Luc) - 1977, L'arbre ngbɛ̀ et les relations amoureuses chez les Ngbaka-ma'bo (RCA), *Ethnolinguistique africaine* (G. CALAME-GRIAULE, éd.), Paris, Maspéro.

CALLOC'H (J.) - 1911, *Vocabulaire français-mgbwaga-gbanziri-monjombo, précédé d'Eléments de grammaire,* Paris, Geuthner, 204 p.

DERIVE (Jean) - 1975, *Collecte et traduction des littératures orales. Un exemple négro-africain : les contes ngbaka-ma'bo de RCA,* Paris, SELAF (Tradition Orale 18), 256 p.

*DERIVE (Jean et Marie-José) et THOMAS (Jacqueline M.C.) - 1975, *La crotte tenace et autres contes ngbaka-ma'bo (RCA),* Paris, SELAF-ORSTOM/CETO (Tradition Orale 13), 228 p. + 2 disques 33 t 17 cm (avec la coll. de Marcel MAVODE).

GERARD (Marcel) - 1930, *Catéchisme te mo gmbwaga,* Rome, Société de St-Pierre Claver, 224 p.

MONINO (Yves) - 1970, Dérivation et composition dans le vocabulaire technique ngbaka-ma'bo (République Centrafricaine), (Paris) *La linguistique* 6.

POUTRIN (Dr. C.) - 1910, Notes ethnographiques sur les populations M'baka du Congo français, (Paris) *L'anthropologie* XXI, 35-54.

ROULON (Paulette) - 1971, Le français et le sango parlés par les Ngbaka-ma'bo (République Centrafricaine), (Nice) *Ethnies* 1, 132-163.

SEVY (Gabriel V.) - 1960, Le "wà.mà" des Ngbaka de la Lobaye, (Paris) *Cahiers d'Etudes Africaines* 3, 103-128.

- 1972, *Terre ngbaka. Evolution de la culture matérielle d'une population rurale forestière de République Centrafricaine,* Paris, SELAF (Tradition Orale, 2), 350 p., 102 photos.

*THOMAS (Jacqueline M.C.) - 1958, Description phonologique du parler ngbaka de Bokanga, (Paris) *Travaux de l'Institut de Linguistique* III, 158-207.

- 1959, Notes d'ethnobotanique africaine : plantes utilisées dans la région de la Lobaye (Afrique Centrale), (Paris) *J.A.T.B.A.* VI (8-9), 353-390.

- 1960, Sur quelques plantes cultivées chez les Ngbaka de la Lobaye (République Centrafricaine), (Brazzaville) *Bull. de l'Inst. d'Etudes Centrafricaines,* n.s. 19-20, 5-43.

- 1961, Quelques plantes connues des Ngbaka de la Lobaye, (Paris) *Jour. de la Soc. des Africanistes* XXX, 75-93.

- 1963a, *Le parler ngbaka de Bokanga. Phonologie, morphologie, syntaxe,* Paris-La Haye, Mouton, 307 p.

- 1963b, *Les Ngbaka de la Lobaye. Le dépeuplement rural chez une population forestière de la République Centrafricaine,* Paris-La Haye, Mouton, 496 p. + 85 tabl., 60 fig., 11 cartes, V pl. phot.

- 1970, *Contes, proverbes, devinettes ou énigmes, chants et prières ngbaka-ma'bo (République Centrafricaine),* Paris, SELAF (Klincksieck), 908 p. + 2 cartes, 16 pl. phot., 6 fig. (avec la coll. de S. AROM et M. MAVODE).

- 1971, Problèmes de dérivation verbale en ngbaka-ma'bo, *Problèmes théoriques et méthodologiques en description,* Paris, SELAF (Bibl, 26), 118-120.

- 1976, La structure du vocabulaire botanique chez les Ngbaka-ma'bo, *Ethnolinguistique africaine* (G. CALAME-GRIAULE, éd.), Paris, Maspéro.

*THOMAS (Jacqueline M.C.) et SEVY (Gabriel V.) - 1964, Contes, fables et histoires ngbaka, (Paris) *Présence africaine* (1964 2me trim.), 183-206.

Ouvrages en préparation et travaux en cours :

*AROM (Simha) - *L'arc musical ngbaka.*

*AROM (Simha) et THOMAS (Jacqueline M.C.) - *Musiques vocales ngbaka-ma'bo (Centrafrique)*, ouvrage et disques.

- *Chants d'arc ngbaka-ma'bo,* ouvrage et disques.

BEHAGHEL (Anne) - *La dérivation verbale dans six langues de R.C.A. : Bantoues C 10 (Aka, Ngando et Mbati), oubanguiennes (Ngbaka, Monzombo, Gbandili)*, (Thèse de 3e cycle).

*DERIVE (Jean et Marie-José) et THOMAS (Jacqueline M.C.) - *La belle-mère entreprenante. Contes ngbaka-ma'bo (Centrafrique).*

*THOMAS (Jacqueline M.C.) - *Dérivation et composition en ngbaka* (avec la coll. de F. LEDUC-TSUKAMOTO).

- *Le syntagme verbal ngbaka-ma'bo* (RCA)

- *Dictionnaire ngbaka-ma'bo* (RCA) *: I. ngbaka-français, II. français-ngbaka, III. matières.*

- *Les potamochères. Contes et proverbes ngbaka-ma'bo.*

Études monzombo

DELOBEAU (Jean-Michel) - 1978 a et b (*cf.* Ethnologie pygmée, *supra*).

LALOUEL (J.) - 1947, Les forgerons mondjombo, (Brazzaville) *Bull. Inst. Etudes Centrafricaines* II-1, pp. 106-114.

*MOTTE (Elisabeth)- 1978 (*cf.* Ethnologie pygmée, *supra*).

*THOMAS (Jacqueline M.C.) - 1971, *Esquisse linguistique du monzombo,* Problèmes théoriques et méthodologiques en description, Paris, SELAF (Bibl. 26), 109-116.

Ouvrages en préparation et travaux en cours :

BOUQUIAUX (Luc) - *Collecte et analyse de littérature orale monzombo : mythes, contes, récits divers.*

*BOUQUIAUX (Luc) et THOMAS (Jacqueline M.C.) - *Etude linguistique du monzombo : phonologie, morphologie, syntaxe.*

- *Etude ethnolinguistique : ethnobotanique, ethnozoologie* (en coll. avec J. BARRAU et A. PEETERS).

DELOBEAU (Jean-Michel) - *Collecte et analyse de tradition orale : mythes, contes et récits historiques, récits traitant des relations Monzombo-Pygmées.*

- *Etude ethnologique et historique des Monzombo de la région de Mongoumba à Bétu.*

Études mbanza

*CLOAREC-HEISS (France) - 1971, *Etude lexicale et comparative avec le groupe banda.* QEX, Ivry, LACITO-CNRS.

- 1978, Etudes préliminaires à une dialectologie banda, *Etudes comparatives* (R. BOYD et F. CLOAREC-HEISS), Paris, SELAF (Bibl. 65), pp. 11-42.

BANTOU C 10

Études ngando

*BAHUCHET (Serge) - 1979, Notes pour l'histoire de la région de Bagandou, *Pygmées d' Afrique Centrale* (S. BAHUCHET, éd.), Paris, SELAF (Bibl. 73-74), pp. 51-76.

*BOUQUIAUX (Luc) et THOMAS (Jacqueline M.C.) - 1968-72, *Questionnaire d'enquête extensive du ngando*, Ivry, LACITO-CNRS.

Travaux en préparation :

KERVERSAU (Antoine de) - *Lexique ngando-français et français-ngando*, Paris, EHESS (6 ème Section) - (Diplôme de l'EHESS).

*SENECHAL (Claude J.) - Etude ethnologique et étude des rapports ngando-aka dans la région de Bagandou (ECA).

*THOMAS (Jacqueline M.C.) - Etude linguistique : phonétique et phonologie, morphologie, syntagmatique nominale et verbale, lexique et textes (contes et chants).

Études isongo (mbati)

*BAHUCHET (Serge) et PUJOL (Raymond) - 1975, Etude ethnozoologique de la chasse et des pièges chez les Isongo de la forêt centrafricaine, *L'homme et l'animal, 1er colloque d'ethnozoologie*, Paris, Inst. Int. Ethnosc., pp. 181-192.

BOUQUIAUX (Luc) - 1966, *Questionnaire d'enquête extensive du Mbati*, Ivry, LACITO-C.N. R.S.

GAUDIO (G. del) - 1972, Note sull'origine degli Issongo della Repubblica Centrafricana, (Rome) Africa XXVII-2, pp. 231-244.

GUIGONIS (G.) - 1969, *Noms vernaculaires Isongo des arbres* (liste), Bangui, Ministère de l'Agriculture, 32 p.

PUJOL (R.) - 1975, Classification et utilisation des chenilles chez les Isongo (R.C. A.), *Table ronde d'ethnoentomologie*, Paris, Labo. d'Ethnozoologie du Museum, 10 p.

PUJOL (R.) et PETTER (F.) - 1963, Noms vernaculaires lissongo des mammifères de la région de la Maboké, (Paris, M.N.H.N.) *Cahiers de la Maboké* I-2, pp. 120-122.

Ouvrages en préparation et travaux en cours :

BOUQUIAUX (Luc) - *Etude linguistique intensive : phonétique et phonologique, morphologie, syntaxe. Dictionnaire. Textes.*

- *Lexique ethnobotanique* (en coll. avec Raymond PUJOL)

PUJOL (Raymond) - *Ethnozoologie des Isongo de la Lobaye.*

Études pande

*BAHUCHET (Serge) - 1979, *Questionnaire d'Inventaire Linguistique du Pande-linzèli (bantou C 10) à Bambio (RCA)*, Ivry, LACITO-CNRS.

OUVRAGES GÉNÉRAUX ET GÉNÉRALITÉS OUBANGUIENNES

Il s'agit d'une part de travaux de linguistique (études comparatives, classifications, bibliographies sélectives, inventaires linguistiques ou simples vocabulaires, recueils de tradition orale), d'autre part d'ouvrages ethnographiques ou historiques portant sur les populations établies dans le bassin oubanguien. Enfin, comme un grand nombre de noms de plantes et d'animaux sont cités ici, nous faisons référence à un certain nombre de faunes, de flores et d'études ethnonaturalistes auxquelles nous avons eu recours dans notre recherche.

Linguistique et tradition orale

BASTIN (Yvonne) - 1975, *Bibliographie bantoue sélective,* Tervuren, MRAC (Archives d'Anthropologie, 24), V + 56 p.

BOUQUIAUX (Luc) - 1978, *Dictionnaire sango-français, lexique français-sango,* Paris, SELAF (TO 29), 667 p. (avec la coll. de J.M. KOBOZO, M. DIKI-KIDIRI, A. BEHAGHEL et J. VALLET).

*BOUQUIAUX (Luc) et THOMAS (Jacqueline M.C.) - 1967, La détermination des catégories grammaticales dans une langue à classe, *La classification nominale dans les langues négro-africaines,* Paris, Ed. du CNRS, 27-44.

- 1976, Une aire de génération de tons en Afrique Centrale : problèmes tonals dans quelques langues oubanguiennes et bantoues périphériques. *Actes du Deuxième Colloque de Linguistique Fonctionnelle,* Clermond-Ferrand, FLSH, 201-224, 3 cartes.

*BOUQUIAUX (Luc) et THOMAS (Jacqueline M.C.), éd. - (1971)-1976 [2], *Enquête et description des langues à tradition orale,* Paris, SELAF (NS 1), 3 vol., 950 p. (2me éd. revue et augmentée).

BRYAN (M.A.) - 1959, *The Bantu Languages of Africa,* Londres, O.U.P., 170 p.

*DELOBEAU (J.M.) et GUILLAUME (H.) - 1979 *(cf.* Ethnologie pygmée, *supra).*

GREENBERG (Joseph H.) - 1963, *Languages of Africa,* La Haye, Mouton, 175 p.

GUTHRIE (Malcolm) - 1948, *The Classification of the Bantu Languages,* Londres, O.U.P., 91 p.

- 1953, *The Bantu Languages of Western Equatorial Africa,* Londres, O.U.P., 94 p.

- 1967-71, *Comparative Bantu,* Hants, Gregg, 4 vol.

MEEUSSEN (A.E.) -1969, *Bantu Lexical Reconstructions,* Tervuren (pro man.).

RICHARDSON (Irvine) - 1956-7, *Linguistic Survey of the Northern Bantu Borderland,* Londres, O.U.P.-I.A.I., 2 vol., 146 + 95 p.

*THOMAS (Jacqueline M.C.) et ER 74 du CNRS - 1972, Aires de phonèmes et aires de tons, *Langues et Techniques, Nature et Société* (L. BERNOT et J. THOMAS, éd.), Paris, Klincksieck, 99-107 + 9 cartes.

*THOMAS (Jacqueline M.C.) et BOUQUIAUX (Luc), CAPRILE (Jean-Pierre), CLOAREC-HEISS (France), HAGEGE (Claude), MONINO (Yves) - 1981, Langues des Plateaux d'Afrique Centrale, *Les langues dans le monde ancien et moderne : I. Afrique subsaharienne* (J. PERROT et G. MANESSY, éd.), Paris, Ed. du CNRS, pp. 153-262, 1 carte h-t. dépliant.

TUCKER (A.N.) et BRYAN (M.A.) - 1956, *The Non-Bantu Languages of North-Eastern Africa,* Londres, O.U.P.-I.A.I., 228 p. + 1 carte.

- 1956, *Linguistic Analyses. The Non-Bantu Languages of North-Eastern Africa,* Londres, O.U.P.-I.A.I., 627 p. + 1 carte.

VAN BULCK (G.) - 1954a, Carte linguistique du Congo Belge et du Ruanda-Urundi, *Atlas général du Congo-Belge,* Bruxelles, I.R.C.B., 8 p. + carte.

- 1954b, Liste des langues et dialectes du Congo-Belge, (Bruxelles) *Bull. des Séances de l'I.R.C.B.* XXV (1), 258-292.

Histoire et ethnologie

AUGOUARD (Mgr. P.) - 1905, *28 années au Congo. Lettres de Mgr. Augouard,* Poitiers, Société Française d'Imprimerie et de Librairie, 2 vol., XIV + 533 p. et 648 p.

- 1914, *36 années au Congo. Suite de "28 années au Congo",* Poitiers, Société Franc. d'Impr. et de Libr., XII + 527 p.

BAYLE DES HERMENS (R. de) - 1975, *Recherches préhistoriques en R.C.A.,* Paris, Klincksiek (Recherches oubanguiennes 3), 343 p.

BRUEL (G.) - 1918, *L'Afrique Equatoriale Française : le pays, les habitants, la colonisation, les pouvoirs publics,* Paris, Larose, 558 p.

*BOUQUIAUX (Luc) et THOMAS (Jacqueline M.C.) - 1980, Le peuplement oubanguien d'après les données linguistiques, ethnolinguistiques et la tradition orale, *L'expansion bantoue II* (L. BOUQUIAUX, éd.) (Colloque International du CNRS, Viviers, avril 1977), Paris, SELAF (NS 9), vol. 3, pp. 807-824.

BURSSENS (H.) - 1958, *Les peuplades de l'entre Congo-Ubangi (Ngbandi, Ngbaka, Mbandja, Ngombe et Gens d'eau),* Tervuren, Ann. M.R.A.C., XI + 219 p.

CHEVALIER (Auguste) - 1908, *Mission Chari-Lac Tchad (1902-1904). L'Afrique centrale française. Récit de voyage de la mission,* Paris, A. Challamel, 776 p.

DAIGRE (P.) - 1947, *Oubangui-Chari. Témoignage sur son évolution (1900-1940),* Issoudun, Dillen, 164 p.

EBOUE (A. Félix) - 1932, Les peuples de l'Oubangui-Chari. Essai d'ethnographie, de linguistique et d'économie sociale, *Bull. Soc. Rech. Congolaises* 16, pp. 63-98 ; 17, pp. 31-53; 18, pp. 57-86.

GIDE (André) - 1927, *Voyage au Congo, carnets de route,* Paris, Gallimard, 252 p. (56e éd.).

- 1928, *Le retour du Tchad, suite du Voyage au Congo, carnets de route,* Paris, Gallimard, 254 p. (41e éd.).

IDDI-LALA (R.) - s.d., *Quatre études d'ethnosociologie et d'histoire,* Bangui, "Connaissance de la R.C.A.", 38 p.

JEAN (Suzanne) - 1961, *Bibliographie relative aux sciences humaines, République Centrafricaine,* Paris, BDPA, 60 p. (ronéo).

KALCK (Pierre) - 1959, *Réalités oubanguiennes,* Paris, Berger-Levrault, 356 P.

- 1971, *La République Centrafricaine,* Paris, Documentation Française (Notes et Etudes Documentaires 3832-3834), 82 p.

- 1974, *Histoire de la République Centrafricaine, des origines préhistoriques à nos jours,* Paris, Berger-Levrault (Mondes d'Outre-Mer), 341 p.

POUPERON (P.) - 1907, Itinéraire dans la Lobaye et la Haute-Sangha, (Alger) *Bull. de la Soc. de Géogr. d'Alger,* pp. 254-274.

SORET (M.) - 1978, *Histoire du Congo-Brazzaville,* Paris, Berger-Levrault (Mondes d'Outre-Mer), 237 p.

TISSERANT (Charles) - 1955, *Ce que j'ai connu de l'esclavage en Oubangui-Chari,* Paris, Plon, VI + 112 p.

VENNETIER (Pierre) - 1965, Les hommes et leurs activités dans le nord du Congo-Brazzaville, (Paris) *Cahiers ORSTOM - Sciences Humaines* II-1, 269 p.

Sciences naturelles et ethnonaturalisme

Faune

BANNERMAN (David A.) - 1953, *The Birds of West and Equatorial Africa,* London-Edinburgh, Oliver and Boyd, 2 vol. 1526 p.

BEAUFORT (F. de) et PUJOL (Raymond) - 1966, Noms vernaculaires des mammifères de l'Afrique équatoriale occidentale, (Paris) *Cahiers de la Maboké* 4 (2), 151-158.

BOUET (Georges) - 1955-1961, *Oiseaux de l'Afrique Tropicale,* Paris, Larose (ORSTOM), 2 vol., 798 p.

DEKEYSER (P.L.) - 1955, *Les mammifères de l'Afrique Noire française,* Dakar, I.F.A.N., 426 p.

DEKEYSER (P.L.) et DERIVOT (J.H.) - 1967, *Les oiseaux de l'Ouest africain,* DAKAR, IFAN, 2 vol., 507 p.

DORST (J.) et P. DANDELOT - 1972, *Guide des grands mammifères d'Afrique,* Neuchâtel, Delachaux et Niestlé, 286 p.

MALBRANT (René) - 1952, *Faune du Centre africain français,* Paris, Lechevalier, 616 p.

MALBRANT (René) et MACLATCHY (Alain) - 1949, *Faune de l'Equateur africain français,* 2 vol., 460 p. + 323 p.

PELLEGRIN (J.) - 1923, *Poissons d'eau douce de l'Afrique Occidentale,* Paris,

POLL (M.) - s.d., *Familles et genres de poissons africains,* Tervuren, M.R.C.B.

SERLE (W.), G.J. MOREL et W. HARTWIG - 1977, *A field guide to the birds of West Africa,* Londres, Collins, 351 p.

VILLIERS (A.) - 1963, *Les serpents de l'Ouest africain,* Dakar, IFAN.

Flore

ALSTON (A.G.H.) - 1959, *The Ferns and Fern-Allies of West Tropical Africa,* London, Millbank, 89 p.

AUBREVILLE (A.) (sous la direction de) - *Flore du Gabon,* Paris, MNHN (Phanérogamie).

- *Flore du Cameroun,* Paris, MNHN (Phanérogamie).

AUBREVILLE (A.) - 1964, La forêt dense de la Lobaye, (Paris, M.N.H.N.) *Cahiers de la Maboké* II-1, pp. 5-9.

BOULVERT (Yves) - 1977, *Catalogue de la flore de Centrafrique - 1. Forêts denses et galeries forestières* (Texte provisoire), Bangui, ORSTOM, 114 p. ronéo

BOUQUET (A.) - 1972, *Plantes médicinales du Congo-Brazzaville,* Paris, ORSTOM, (Travaux et Documents 13), 112 p.

CHEVALIER (Auguste) - 1951, Catalogue des arbres vivant dans la forêt dense et les galeries forestières en Afrique Centrale (Bassin de l'Oubangui, de la Haute-Sangha et du Haut-Chari), *Rev. Int. Bot. Appl. Agr. Trop.,* 347-348, 485-504 et 349-350, 605-623.

GUIGONIS (G.) - s.d., *Liste des arbres et arbustes vivant dans la forêt dense et galeries de la R.C.A.* (avec les noms verculaires Gbaya et Isongo), Bangui, Ministère des Eaux et Forêts, 30 p. ronéo.

HEIM (Roger) - 1977, *Termites et champignons,* Paris, Boubée, 190 p.

HUTCHINSON (J.) et DALZIEL (J.M.) - 1963, *Flora of West Tropical Africa,* London, Millbank, 544 p.

LETOUZEY (René) - 1969-70-72, *Manuel de botanique forestière. Afrique Tropicale,* Nogent, Centre Technique Forestier Tropical, 189 + 462 p. (3 vol.).

ROBERTY (Guy) - 1954, *Petite flore de l'Ouest africain,* Paris, Larose (ORSTOM), 442 p.

SCHNELL (R.) - 1950, *La forêt dense. Introduction à l'étude botanique de la région forestière d'Afrique Occidentale,* Paris, Lechevalier (Manuels Ouest Africains 1), 330 p.

TISSERANT (C.) - 1952, *Catalogue des plantes de l'herbier de Boukoko,* Boukoko (R.C.A.), Station Centrale d'Agriculture, 161 p.

Etudes ethnonaturalistes

AKE-ASSI (L.) et al. - 1978, Contribution à l'identification et au recensement des plantes utilisées dans la médecine traditionnelle et la pharmacopée en E.C.A., Paris, ACCT, 139 p.

BAUDON (A.) - 1925, Les cultures vivrières indigènes des régions forestières de l'AEF, (Paris) *Revue de Botanique Appliquée* V, pp. 764 ss.

BOUQUET (A.) - 1969, *Féticheurs et médecines traditionnelles du Congo (Brazzaville),* Paris, ORSTOM (Mémoires 36), 282 p.

CHEVALIER (Auguste) - 1951a, Les plantes poisons de l'Oubangui et du Moyen-Congo, (Paris) *Revue Intern. de Bot. Appl. et d'Agric. Trop.* 343-4, pp. 249-257.

- 1951b, Plantes remarquables observées en Afrique équatoriale..., (Paris) *Revue Intern. de Bot. Appl. et d'Agric. Trop.* 343-4, pp. 265-270.

DALZIEL (J.M.) -1948, *The useful plants of west tropical Africa,* London, The Crown Agents for the Colonies, 612 p.

DENOEL (A.) - 1972, Prospection des plantes médicinales en Afrique Centrale, *Bull. Soc. Pharm. Lille* 1, 7-24.

*EPELBOIN (Alain et Sylvie) - 1978, Malades et thérapeutes dans l'univers peul bande, (Dakar) *Environnement africain* (supplément 78-25), 80 p.

- 1981, Ethnobotanique médicinale fulbe bande et nyokholonke, Paris, *Documents du CRAMH* 4.

GOUMBA (Abel) - 1973, *Essai d'utilisation des plantes médicinales centrafricaines* (Thèse), Paris, Ecole Nationale de Santé Publique, 229 p.

KERHARO (Joseph) - 1968, Médicinal raw materials of plant origin in the Central African Republic, *Afr. Journ. of Pharm. and Pharmaceut. Sc.* , 283-287.

MOUTON (J.) et SILLANS (R.) - 1954, *Les cultures indigènes des régions forestières de l'Oubangui-Chari,* (Marseille) *Ann. du Musée Colonial.* (72ème année, 7ème série) 2, pp. 6-112.

SCHNELL (R.) - 1957, *Plantes alimentaires et vie agricole de l'Afrique noire. Essai de phytogéographie humaine*, Paris, Larose, 223 p.

SILLANS (R.) - 1951, Sur quelques plantes médicinales de l'Afrique Centrale, *Rev. Intern. Bot. Appl. Agr. Trop.*, 345-346, pp. 407-427.

- 1952, Sur quelques plantes ichtyotoxiques de l'Afrique Centrale, *Rev. Intern. Bot. Appl. Agr. Trop.*, 351-352, pp. 54-65.

- 1953, Sur quelques plantes alimentaires spontanées de l'Afrique Centrale, (Brazzaville) *Bull. Inst. Et. Centrafr.* 5, pp. 77-99.

TISSERANT (Charles) - 1950, *Catalogue de la flore de l'Oubangui-Chari*, Brazzaville, I.E.C. (Mémoires 2), 165 p.

VERGIAT (A.M.) - 1937, Notes de folklore colonial : de l'emploi médical par les indigènes de quelques plantes de l'Oubangui-Chari. (A.E.F.), Lyon, *Bull. Mens. Soc. Linéenne de Lyon* 9-10 (1936), 1 (1937).

- 1970, *Plantes magiques et médicinales des féticheurs de l'Oubangui (Région de Bangui)*, Paris, JATBA, 238 p.

WALKER (André R.) et SILLANS (Roger) - 1961, *Les plantes utiles du Gabon*, Paris, Lechevalier, 614 p.

DISCOGRAPHIE

*AROM (Simha) - 1974, *Aka Pygmy Music*, UNESCO (Musical Sources), 1 disque 30 cm 33 t avec commentaire et photos (Philips 6586 016).

- 1978, *Anthologie de la musique des Pygmées Aka*, OCORA, 1 coffret de 3 disques 33 t 30 cm, avec commentaires bilingues et photos (Grand Prix de l'Académie Charles Cros) (OCORA 558.526-528).

*AROM (Simha) et DOURNON-TAURELLE (Geneviève) - 1966, *The music of the Ba. Benzele Pygmies*, UNESCO (An Anthology of African Music), 1 disque 30 cm 33 t avec notice trilingue et photos, Baerenreiter- Musicaphon (BM 30 L 2303).

*AROM (S.) et RENAUD (P.) - 1978, *Baka pygmy music, Cameroon*. UNESCO (Musical Atlas), 1 disque 30 cm 33 t avec commentaire trilingue et photos (EMI 064-18265).

GRIMAUD (Y.) et ROUGET (G.) - 1957, *Notes on the Music of the Bushmen compared to that of the Babinga Pygmies*, Cambridge-Paris, Harvard Univ.-Musée de l'Homme, (Record LD 9 Peabody Museum).

*GUILLAUME (Henri) et SURUGUE (Bernard) - 1982, *Chasseurs pygmées*, Paris, ORSTOM-SELAF, 1 disque 30 cm 33 t stéréo ; texte de présentation français-anglais, illustration, 1 carte (CETO 757).

TURNBULL (C.M.) et F.S. CHAPMAN - 1958, *The Pygmies of the Ituri Forest*, New-York, Ethnic Folkways 30 cm 33 t, notice 11 p., ill. (FE 4457).

FILMOGRAPHIE

*AROM (Simha) - 1970, *L'arc musical ngbaka,* 16 mm 11mn, n. et b. son., Paris, Musée de l'Homme et CNRS, Comité du Film Ethnographique.

DELOBEAU (Jean-Michel) (réalisation B. SURUGUE et C. MORICE) - 1977a, *Le forgeron Monzombo* (Montage vidéoscopique), Paris, ORSTOM (CETO)/SELAF.

- 1977b, *La potière monzombo* (Montage vidéo), Paris, ORSTOM (CETO)/SELAF.

*DEMESSE (Lucien) - 1960, *La collecte du miel chez les Pygmées Babinga,* 16 mm 20 mn, n. et b. son., Paris, Musée de l'Homme, Comité du Film Ethnographique.

DUPONT (J.) et SECHAU (Ed.) - 1947, *Danses congolaises. Danses pygmées ba-binga,* 16 et 35 mm 12 mn, n. et b. et son., Paris, Coopération.

DUPONT (J.), SECHAU (Ed.), GAISSEAU (P.), ROUGET (G.) et DIDIER (P.) - 1947, *Au pays des Pygmées,* 16 et 35 mm, 25 mn, n. et b. son., Joinville-le-Pont, Gaumont-Actualités.

*GUILLAUME (H.) (réalisation B. SURUGUE avec la coll. de J.M. DELOBEAU, C. MORICE et J.M.C. THOMAS) - 1977, *Chants, danses et mimes Aka* (Montage vidéoscopique), Paris, ORSTOM (CETO)/SELAF.

*GUILLAUME (Henri) (réalisation B. SURUGUE, avec la collaboration de J.M. DELOBEAU, C. MORICE et J.M.C. THOMAS)- 1980, *L'oiseau indicateur de miel.* (Film 16 mm, couleurs, son synchrone stéréo), Paris ORSTOM (CETO)/SELAF.

STEINFURTH (Heinrich) - 1977, *Les Pygmées,* 35 mm, 55 mn, coul. son. (TF1, 31 juillet 1978, 2me proj.).

SURUGUE (Bernard) et MORICE (Claude) - 1977, *Chants et danses Isongo,* (Montage vidéo), Paris, ORSTOM (CETO)/SELAF.

TURNBULL (C.) et CHAPMAN (F.S.) - 1954, *Ba-Mbuti Pygmies of the Belgian Congo,* 16 mm 70 mn, coul. muet, Toronto (Canada), F.S. Chapman.

Travaux en préparation :

*EPELBOIN (Alain et Sylvie) - *Gestuelles ordinaires et extraordinaires de malades aka,* Super 8 mm.

- *Malades et thérapeutes aka,* Super 8 mm.

TABLE DES MATIÈRES

TABLE DES FIGURES, CARTES ET ILLUSTRATIONS

Achevé d'imprimer le 17 septembre 1983
sur les presses de la SELAF à Paris
5, rue de Marseille - 75010 Paris (France)